寫給少男

那些十七歲前該懂的事

On Becoming A Man : A Book for Teenage Boys

教導正確的性觀念
認識性別差異
清楚了解身體構造
用對話與故事
讓彼此溝通無障礙
身心靈零距離

謝理雅 醫學博士◎著 (Harold Shryock, M.D.)

目錄

序言

　　青少年階段（Adolescence）泛指12至20歲的人生階段，介於兒童和成年之間的過渡期。由於身體和心理的急遽變化，青少年在思想和行為上有容易矛盾的特質，因而經常在混沌中探索，在掙扎中成長。憂鬱的慘綠少年，暴力的狂飆小子都是青少年的寫照，但它也是人生一個多采多姿、耀眼燦爛的時期。

　　此時期的孩子站在成人的門檻上，展望憧憬中的未來人生，心中充滿好奇、夢想、希望，但也有困惑、猶疑與害怕。他一生的命運操諸在自己手中，在這短短的幾年內，將要決定自己未來成為什麼樣的人。

　　謝理雅博士 (Harold Shryock, M.D.) 曾任美國加州著名的羅馬林達醫學院 (Loma Linda University) 教務長及醫科教授多年，學識、經驗都極為豐富，且著作等身，使許多青年男女得其指導，步上人生幸福之途。

　　本書中，作者以專業的角度，清楚且莊重地敘述出少年在體格方面的變化和照護方法，尤其是關於性器官的發育及其神聖作用，都有明白詳盡的解說。至於怎樣交友、維持友誼、正常的社交、處理金錢，以及怎樣過滿足愉快的信仰生活，作者也提供了寶貴的見解。

時兆出版社編輯部　謹識

你知道你的未來是什麼嗎？你對它有什麼憧憬呢？

你對自身的身體變化瞭解有多少呢？

你對未來的人生已作好準備了嗎？

1 燦爛耀眼的階段

for Teenage Boys

少年時期是人生多采多姿、耀眼燦爛的階段。孩提時期，凡事受限制；成年初期，責任日益增多；到了中年，有許多艱鉅的工作、繁重的義務及醒悟前非而始不惑；等到晚年，則人生大勢已去，已蹉跎歲月，只好老大徒傷悲！唯有少年時代是最有生趣、有光明的前途，所經歷的每一新鮮經驗，都足以使人興奮、雀躍！你現在是站在成人的門檻上，不再是小孩子了。你未來不定的前途，激發了你的好奇心。你的前途可說是無可限量，你的命運極大部分是操在自己的手中。轉瞬間，你可以決定要做商人、工匠或從事某種職業。你可以決定此生是否孳孳為利，積財千萬，或是服務人群，造福大眾，惠及社會。你的前途確實偉大輝煌，連孔老夫子也要為你讚嘆，說聲「後生可畏！」

　　你以往的各項成就，脫離不了稚氣，但從今以後，你會樂於發現人生到底能貢獻些什麼，並從中吸取最精華的部分。童年使你發育長大，並學習許多基本的生存本事。你已經學會了運用人生的工具，會讀、能寫，並懂得待人接物，使大家相安相得，共存共榮。

　　自出生到現在，你過著一般孩子的生活，生活方式可說是大同小異；但從今以後，你不必照著大家的生活方式了，因為你已快要成熟，你已具備人生的條件，能照著心願，建設自己的前途，你的人生由自己設計，可以隨自己的心意來預定。

選擇未來人生的模型

　　你現在的世界是海闊天空，再過幾年，你的機會就有限制了。

限制到什麼程度，全看你現在如何選擇。你如果決定將來當工程師，必然要選讀工科，才能學以致用，否則將來若想改弦易轍，學非所用，欲求成功，必覺難乎其難！你如果決定將來要當醫生，必然會選與這項職業生活有關的科目，而不會去學習工藝等。到了後來，你如果倦於專門職業，想中年改行做手藝，必會感到笨手笨腳，無法成功。因此，在少年時期所定的志向，也就成了你未來人生的模型。

人生的建設看來好像本末倒置，在你還沒有充分的經驗可做賢明的判斷之前，你必須對人生大計預做抉擇。雖然這樣，幸虧你有機會可以清清楚楚的思考及考查前輩的紀錄。你可以觀察他們生活的功過成敗，接著再憑想像力，設身處地的研究一番，然後做最後的決定。

徬徨的少年時期

少年時期對抉擇終身工作雖有重大的關係，卻不能算是唯一的大事，因為你可以將這事延遲到二十歲前後也不晚。少年時期的生活，還有許多方面是應當予以注意的，有些甚至比決定終身職業更重要。這些有賴於你在少年時期的生活方式而定。

少年時期好像一部初用時期的新車。一部新車的效能與耐久性，全看你在這段時期如何駕駛與保養。如果小心駕駛，妥當照料，就會延長良好的服務；反之，駕駛太快，不善保養，常忘記加上合適的潤滑機油，使得機件快速磨損，會縮短新車的壽命。

一部新車固然比舊車好看，然而外表是靠不住，且容易令人上

當。車的好壞，要看你如何駕駛。舊車如果在小心使用，隨時留意保養，就會經久耐用，更能負重致遠，不會在鬧市交通擁擠之處常出毛病，叫你急得像熱鍋上的螞蟻一般。

　　少年時期也像是你人生的「啟用」時期。從頭腦靈活、體力充沛等方面來說，你比年紀較長的人優秀。然而，你一生事業的成功或失敗，有賴於在少年時期所培養的個性、品格的基礎而定。如果你養成了草率、輕浮及不負責的習慣，你的品格將永受其害。人的品格並非一朝一夕而來，立時改變實無可能。因此，一旦養成不好的習性，免不了會抱憾終身，後悔莫及！

　　在你尚未踏進少年時期之前，你會經常辯論當男孩子好，還是女孩子好。當然，你既然是男孩子，說來說去，還是處處袒護男孩子，看女孩子是「愛講話」的，就常以自己身為男孩子而感到慶幸。

　　事實上，在幼年時期的男女，生活方式並無差別。你之所以常和男孩子在一起，而避開女孩子，因為你以自己是男孩子感到驕傲所致。男孩子們所玩的遊戲，女孩子們也都玩過。雖然你不像她們那樣愛抱娃娃，但有時你也會參加她們玩的「家庭」遊戲。在孩子們不很多的時候，女孩子也會參加男孩子的打球，還打得很出色。有時女孩子也會做男孩子愛做的事，例如：爬樹之類。總而言之，幼年時期的男女，兩小無猜，除了男孩子穿褲子，女孩子穿裙子；和男孩子以自身為男子自豪，女孩子以自身為女子自豪外，簡直無大分別。

　　可是，現今你進入了少年時期，事情起了重大的變化。男孩子

和女孩子到了這個年紀，已分道揚鑣，各走一端。女孩子在體格方面有了急遽的發育，儼然出落成一個女人家，而男孩子也開始發育成鬚眉男子漢。從體格方面來說，少年時期的男女已有很大的區別，不像八、九歲時的雌雄莫辨。

少年時期的男女，在性格方面也有明顯的區別，正如在體格方面的大差異一樣，少男與少女的思想也大不相同，興趣及反應方面也有分別。男孩子雖然仍以身為男子自豪，女孩子也仍以身為女子自豪，但在彼此之間，卻沒有像以前幼童時期那樣互相強烈仇視。

你變成少男之後，覺得自己是堂堂男子漢，因此便熱心發展自己的鬚眉氣概，英雄風度，這原無與其他男孩子競爭之意，不過是做為預備，想在成年後可以一顯身手而已。

少男發育進展的情形

說來有趣，在這發育時期，男孩子和女孩子對對方並不怎麼關心。一旦踏進了少年時期，自己也不經意的覺得聲音已有些改變，臉上也有了幾根鬍鬚，而私心竊竊自喜，認為快要「轉大人」，並有點難為情的把那些稚氣的生活除掉。在少年時期剛開始，你不喜歡混在女孩子堆裡，免得被人認為你是急著要找女朋友，因此你對她們多少有點疏遠。

過了一段時間，你慢慢習慣了，覺得自己不再是小孩子，同時對女孩子也產生了興趣。你將明白自己的生活已有基本的轉變，也會注意到所認識的女孩子們，在生活上也有了顯然的變化。你在少年初期與女孩子們疏遠了一些時候，到此時會好奇的想知道她們在

這幾年當中到底有何變化。這好奇是十分自然且合宜的。這種好奇心，以及對許多事情上的好奇，原也是少年時期的優點之一。但我們對好奇心卻應當聰明的予以運用；若是處理適當，可以刺激你去獲得許多的知識及成就；若不善於處理，將使你陷於諸般困難中。

　　寫本書的主要目的之一，就是要幫助你滿足這方面的好奇心，使你知道自己的身體從幼年以來所起的變化，同時也提到女孩子所起的變化。當然，你會知道對這些問題應當小心研究。作者希望你在閱讀本書時，能夠領悟其中意義，而使你預備好，可以美滿的踏上成年人的生活之道。作者會在書中把你在發育時期所應知道的許多事實與知識，坦白相告。

　　作者深信你對本書一定會有興趣，內容都是對人生和你本身有關。作者無法預知你現在在這些方面了解多少，因此用淺顯的說法，逐章的說明。作者雖已過少年時期多年，但是對於自己那一段的生活，仍是記憶猶新，時常想起；也對白己兒女們的少年生活，有過很密切的接觸，所以了解頗深。此外，在預備寫本書之前，也曾和一些畢生為少年人服務的學者專家們研究過這些問題，向他們請教本書應當包羅那些主題。因此，作者深信，本書對你應當是有趣且有益的。

你知道新生命如何誕生的嗎？

詢問你的父母，你誕生時的一些回憶和當時的家庭環境。

2 你從哪裡來？

for Teenage Boys

很多人喜歡用一些話來哄孩子所發問關於性的問題，有說小孩子是從垃圾桶裡撿回來的、是由鶴鳥叼來的、或是從醫生的黑皮包裡搬出來的。當然，你現在是不會相信這些了。我想你對於性的問題，現今已經知道不少。也許你是從閱讀書報獲得這方面的知識，也許父母已經和你談論過這件事，也許你是自己從各方面的觀察而明白了生命的來源。但我還是想寫這一章，向你揭開事實的真相，希望可以幫助你明白心裡的疑問，同時矯正你誤聽誤信的誤解。

每個人都有父母

首先要明白的是，每個孩子都有父有母，縱使是孤兒，也是有父有母的。

每個孩子在許多方面都與父母相像，如面貌像爸爸、性情像媽媽，又如眼睛像媽媽、髮色像爸爸，甚至思想和行為，都遺傳自父母，更有的性格或外表像爺爺奶奶或外公外婆，但這也只有從父母的身上才能遺傳到你身上。總之，在你的性格、樣貌等遺傳上，父母各有一半的關係。

爸爸和媽媽的身體裡都各有一些分泌的腺體，會產生特別的生殖細胞，此種細胞能開始一個孩子的生命，所以也叫做性細胞。這種生殖細胞與植物的生殖細胞相似。孩子的生命是由爸爸身上的一個生殖細胞（精子）和媽媽身上的一個生殖細胞（卵子）互相結合而成。單是有媽媽的卵子而沒有爸爸的精子，是不行的；若單有爸

爸的精子而沒有媽媽的卵子，也是無法成功。因此，一個新生命的開始，必須是爸爸身上的一個精子進入媽媽的體內，與媽媽的一個卵子結合，才可開始發育。

　　每個生殖細胞（不論爸爸或媽媽的）都含有許多極微細的質素，我們叫做「基因」（Genes），也可稱為「遺傳因子」。這些基因決定孩子由父母遺傳來的各種質素。造物主有特別的設計，使父母的遺傳可以平等分配，就是父母雙方面各出一半的力量，即父母各一個細胞，才可聯合產生一個新的生命。這兩個生殖細胞的結合，我們叫做「受孕」。因此，將來孩子的種種質素便有一半像爸爸一半像媽媽；換句話說，一個孩子由遺傳得來的各種性格，爸爸和媽媽有同等的機會和關係。

　　在兩個生殖細胞互相結合時，基因便決定了父母所要遺傳給孩子的各種素質和特性。父母沒有選擇權，無法決定要把什麼特性遺傳給孩子，這完全是出於當時兩個細胞結合的機會。孩子的眼色和髮色，都在這兩個生殖細胞結合時便已決定了。同時這兩個生殖細胞也決定了孩子是男還是女，因為男女的性別，也是由兩個生殖細胞中的特種基因變成的。

性細胞分裂成胎兒

　　爸爸的精子進入母體後，便與媽媽的卵子結合成為一體，創始新的生命。兩個細胞合一之後，便開始發生明顯的變化。通常可於兩個小時至四個小時內生產到足以分裂為兩個類似的細胞，繼續不斷的分裂，由兩個細胞分裂為四個細胞，再由四個細胞分裂

為八個細胞，又由八個細胞分裂為十六個細胞；這樣重複不已，不久便形成一團細胞。這一團細胞很像桑葚，因此叫做「桑葚胚 (morula)」。

在發育中的細胞，起初由周圍的液體得到養分，但是細胞團不久便自動附著於母體的子宮壁上（子宮就是在媽媽下腹部的骨盤腔裡），形成一種特殊的構造，從媽媽血液中吸收養分，輸送給正在發育中的胎兒。這種特殊的構造完全形成之時，稱為胎盤或胞衣。

胚胎形成為桑葚胚之後，第二階段的發育是細胞分化為不同形狀和大小的構造，開始成形一定的組織，整個細胞團於是略具人體的雛形，其中的一端看來好像即將變成頭部，不久，這小體上生出幾個小節或芽來，這些芽以後便長成手和腳。

同時這個小體內部也發生明顯的變化，形成各種內臟。在五十天之內，那細胞便開始有了胎兒的形態，四肢內臟均依稀可辨。以後的懷孕時期，只是胎兒繼續長大，各部器官日趨成熟而已。

受孕的四、五週內，胎兒的身體已發育到比原來的細胞大一百萬倍。初生的嬰兒，其重量平均約比四十週前的細胞大十萬萬倍。嬰兒出生後，須經十五至二十年的生長，才會比初生時重二十倍。

正當胎兒長大時，他也做了特別的準備，使自己在母體內的時間內能獲得營養。他生長臍帶及其附屬構造物，臍帶由胎兒腹壁的中心伸延到媽媽子宮的內壁。臍帶含有血管，以便將養分、液體和氧氣等由母體輸送給胎兒。這些血管也將胎兒的體內所產生的二氧化碳及其他廢物排除出去。因此，胎兒在母體的那段時間，無需飲食和呼吸，此等功能全由母體代勞。

由爸爸媽媽身上而來的生殖細胞，結合後在母體子宮內發育了九個月後，胎兒已完全成長，準備出世了。

想起一個新生命的奇妙存在與生長，便不能不讚嘆造物主的精工設計！祂使爸爸與媽媽合作，把生命留給了下一代。同時也可以看出，做父母的人應當如何盡力保養自己的健康，才能傳給子女一份寶貴的遺產，父母教育訓練新生兒女的責任，又是何等的重大！

一個嬰孩的遺傳，雖說是在受孕時就已決定了，可是在幼年時期受父母的管教，影響畢生的人格也很深刻。作者在此請各位少年少女，應當留心調整你們的生活及習慣，以便在將來有當父母的特權時，你們可以毫無愧憾的把最好的健康、最好的智力、最好的精神遺傳給兒女們。

你誕生了

嬰兒在母體生活滿九個月時，便準備要出世為人了。在這九個月間，媽媽的子宮十分脹大，足以容納胎兒。子宮的四壁由肌肉組成，到了生產日，亦即胎兒出世時，子宮壁的肌肉強力收縮，把子宮內的胎兒由產道壓迫出來。

所謂產道，是媽媽的陰戶及骨盤周圍的組織。在未生產時，那只是窄小的穴道，在媽媽的兩腿之間，上連子宮下部。當初爸爸體內的生殖細胞，便是由此進入母體子宮之內。到了生產時，這個陰戶會擴大，讓嬰孩通過出世。

嬰兒一出世，照料媽媽的醫師或接生者會把嬰兒與胎盤相連的臍帶剪斷。在母體子宮內擔任供養胎兒的臍帶被剪斷後的根蒂，會

乾縮脫落，在嬰兒的肚上留下了一個窟疤，也就是我們所說的「肚臍」。嬰兒出生後自有平常的方法得到養分和呼吸，再也用不著臍帶了。

　　媽媽在生產的過程是非常疼痛的，這痛楚是由產道的肌肉張拉擴大，和子宮壁的肌肉收縮壓迫所造成。生產是自然的過程，雖然很痛，但媽媽很快就會忘記了。一個健康的媽媽，對人生有健全的看法，知道自己已盡了重大的責任把新的生命送到人間，她會感到極大的快樂。強烈的母愛和當媽媽的樂趣與滿足，會把生產時的痛楚完全淹沒。

在人生的成長階段中，從一位少男到成年男子的
這個階段，他的身體有何變化呢？

這些身體上的急遽變化，你會如何看待呢？

請教你的父母親和師長們，他們在這段少男成長
的經驗為何。

3 男性的象徵

難題，到頭來自然會矯正過來。

當你臉上長鬍子時，手臂和腿上的細毛也逐漸變粗，在腋下及陰部也會生長腋毛及陰毛。還有一個成人的象徵，就是你的喉頭變大，喉結（亦稱喉核）更明顯，聲音更低沉。關於這件事，你得設法調整自己的心態。你在幼小時，聲音尖又高，是標準的孩子腔調。但現在喉頭變大，聲帶變長，聲音自然低沉，講話像大人一樣。然而喉頭變大並非一夕之間，因此在短短的時期中，你的聲音也一直在改變，有時很高很尖，像當小孩時一樣，但有時又很低很粗，好像是大人的聲音。有時你說一句話或拼單字時，都會有這種變音的情形發生，聽起來有點「陰陽怪氣」，自己也覺得好笑。雖然這樣，這也是發育成人過程的一個自然現象，所以不必感到害羞或難過。

睪丸的功用

從小孩到大人的過度期，男孩子的肉體變化由睪丸而來，並受其操縱。這兩粒睪丸藏在陰囊裡。當你是小孩子時，它們小小的沒有作用，直到發育時，差不多和你的聲音變粗同時，它也開始變大，並起了作用。

此後睪丸有兩個重要的功用。先是睪丸會分泌出雄性激素，也就是男性荷爾蒙，是一種化學合成物，會流通全身，引起許多變化，也就是本文前面所提到的那些男性的象徵。從這時起，睪丸一直分泌著雄性激素，使男孩子終身保持所謂的鬚眉氣概。

有些男孩子在未成年之前，也許因病或其他緣故，睪丸被割除掉（如古代宮庭的太監等），他就不能發育成為男子漢。他的肩膀仍然

窄小，面容幼嫩無鬚，聲音又高又尖。即使到了三、四十歲，還是毫無鬚眉樣貌；他變成太監了。可見，睪丸乃是男性的主要器官。

也許你會問：「到底是什麼使睪丸在適當時期——約十一至十四歲的青春期——開始發生作用呢？」回答這個問題很難讓人覺得十分滿意。根據現在醫學有關人體各內分泌腺的知識，我們也許可以正確的說，在頭顱約近中部之處的腦下腺（又稱腦下垂體），是內分泌腺的控制中心，有操縱睪丸的作用。當人到了青春期發育時，腦下腺會通知睪丸，叫它們開始發揮作用。說到這裡，我對你的問題也許還沒有完全說清楚，因為你可能還會再問：「到底是什麼叫腦下腺通知睪丸起作用呢？」這問題真的難倒我了，我只好說，「只有上帝知道」了。現在即使科學家對此也都無法解釋，不能不歸功於造物主宰的神能，自然定律的玄妙，使這些發育過程都在適當時間出現。

儲存睪丸的陰囊，是一個柔軟的肉袋，掛在下部體外兩腿之間。造物主設計此物，原為保護睪丸免受傷害，睪丸在其中可以滑來滑去，很容易由這邊滑到那邊。它們滿布細嫩敏感的神經，睪丸一經壓迫或受打擊，會立刻發出劇疼的危險訊號。我想每個男孩子都很清楚，即使是很輕微的傷及睪丸，如球場上運動時碰到，也會叫你感到劇疼，不得不停下幾分鐘來休息一下。

在陰囊之前是陰莖，其形如指，平時大多是軟軟的垂掛在陰囊之前。陰莖中部有一條輸尿管，上接膀胱，下達陰莖尖端，尿水就是由膀胱通過輸尿管排出體外。

在前面我提到睪丸的作用之一是分泌雄性激素，刺激少男發育

成為男子漢，終身保持鬚眉氣概。現在提到睪丸的另一作用，那就是生產男性的生殖細胞，也就是精子。

精子的功用

精子是一個極小的細胞，主要功用是幫助製造新生命。一個小寶寶必須有父有母，造物主使爸爸的睪丸所產生的男性生殖細胞（精子）與媽媽體內的女性生殖細胞（卵子）結合，才會有小寶寶的新生命。由此可見，睪丸不但是男性的主要器官，產生雄性激素使成男子漢，同時也使男子有成為人父的本事。

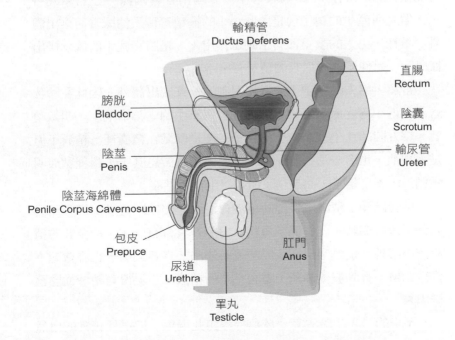

輸精管
Ductus Deferens

直腸
Rectum

膀胱
Bladder

陰囊
Scrotum

陰莖
Penis

輸尿管
Ureter

陰莖海綿體
Penile Corpus Cavernosum

包皮
Prepuce

肛門
Anus

尿道
Urethra

睪丸
Testicle

當你幼小時，睪丸不會產生精子。到了青春期，各種男性象徵出現時，睪丸便開始大量產生精子。在男子終身生活中，一直產生著無可數量的精子。女性則相反，一個正常的女人每個月只生產一個卵子。

男性精子的唯一功用，就是與女性的卵子結合，孕育新生命。因此，在男子一生中，雖有生產無數的精子，其中只有少數的幾個能完成目的，其餘的都派不上用場。

對這些未派上用場的精子，自然會有妥善的安排，使其排出體外。每個睪丸都有一個小管，叫做輸精管，是從陰囊上伸到體內附近膀胱底部的地方，與輸尿管相接。輸精管有兩條，左右睪丸各一。睪丸所產生的精子便是由此小小的輸精管傳入輸尿管而排出體外。這樣，男人的陰莖便有了兩個作用：一是將膀胱中的尿水排出體外，一是使睪丸所送來的精子有出路。

當然，男人的精子不能漫無限制的一直流出體外，因此在膀胱底部附近小管之處，造物主預備了一個小小的「蓄精池」，叫做精囊。睪丸陸續產生或多或少的精子，便是儲藏在精囊裡。精囊不但是蓄精池，也會分泌一種黏液，使精子可以游息其中，這種黏液叫做精液（不是精子，而是精子所賴以生存的黏液）。

精囊儲滿了精液，多餘的精液會溢出，經輸尿管排出體外。男人到了青春期時，就會開始遺精，每隔幾天會有一次，把多餘的精液排出體外。這多半是在夜間睡覺時洩出，青春期男子也許會毫不覺得此事，直到發覺褲子上遺有黏滑的精液，才曉得有精液從陰莖排出來。

不幸的是，少數人竟樂於藉機浮誇此現象，把這種正常的自然

作用當作奇怪大病，尤其是江湖醫生喜歡詐騙無知的人，要他們去求醫買藥，藉以斂財。其實，正常的遺精，不過是「滿則溢」的作用，對身體並無害處，不必大驚小怪，過於慌張。

對身體發育的象徵出現時，應當用健康的態度視為是正常生活，不必驚慌和焦慮。當你初次有遺精的事發生時，應明白這是身體在發育，達到成年的正常過程。有了這種態度就會處之泰然，夜間偶而排精，也不會不知所措，而擾及睡眠。

陰莖有兩種作用：排尿與排精。可是自然主宰對陰莖的肌肉也有奇妙的設計，預備了一種好像活瓣的機械，使排尿與排精兩種作用不能同時進行，這副活瓣是由神經系統操縱，完全自動，它會在排精之前，使陰莖充血勃起，變長變粗，昂然直立。

陰莖勃起的作用

陰莖有時會在各種情形下勃起，但它也是每次預備排精之前的部分準備工作。夜間遺精前，你在床上也許會翻來覆去睡得不舒服，陰莖勃起，神經及肌肉都很緊張，及至排精後，便又頓感輕鬆舒散。陰莖勃起還有一層作用，也是自然主宰所安排的，那就是在你將來有資格為夫為父時，你可藉著這勃起粗長的工具，把體內的精液射進妻子的陰戶內，使你的精子有機會與妻子的卵子會合，共同創造出新生命。

明白這些人體的各種奇妙作用後，我想你不能不驚奇自然造物的奇愛與神妙。祂為人類的各種需要都做了最妥善的安排，使我們更加信賴祂，並明白人體的各種作用，無不有其目的，而且是對人類的福利有最大的貢獻。

你知道男女大不同，就身體上而言，其「男女有別」之處是什麼？

既然是男女大不同，你當以什麼心態來看待異性同學或朋友呢？

4 女孩子的祕密

for Teenage Boys

你已經知道了，男女青春期在身體發育上會有很大的區別：男孩子的肩膀寬大，聲音低沉，長出鬍鬚；女孩子則臀部豐隆，全身曲線顯著分明，肌膚嫩滑。

不但如此，青春期男女的生殖器官也有顯著的變化。我們在前章「男性的象徵」中，曾交代過男孩子怎樣具備為夫為父的資格；現在我們也要略提女孩子的生殖器官發育的情形，明瞭她們怎樣準備為妻為母的資格。這樣你對女人就會有光明正大的觀念，健全確實的了解，而不至於產生大驚小怪的誤會。

男孩子青春期時就開始了生殖器官的發育，然而這只是初步的準備工作而已，離正式為夫為父尚遠；照樣，女孩子也是在青春期時就開始了生殖器官的發育，然而這並不意味著她此時就可以出嫁生男育女了。因為她在開始發育至成熟到可以結婚之間，尚得有幾年功夫來調整女性生活的機會。

女性的生殖器官作用和她為人母親的資格有直接的關係。你應當清楚這一點，然後就會明瞭了。

卵巢的功用

女性主要的生殖器官是卵巢。和男性的睪丸有兩個相似點：第一，分泌黃體素與雌激素，也是一種化學合成物，流貫全身，使保持女性的性徵；第二，生產生殖細胞，或稱為卵子。在女性的體內有兩個卵巢，一左一右，位於腹腔下部。女性卵巢生產卵子與男性睪丸生產精子，不同的是精子的數量極多，不可勝計，而卵子是左右卵巢輪流每個月產生一個，這個月由右卵巢生產卵了，下個月便

由左卵巢生產卵子。女孩子在青春期，約在生殖器官開始發育作用時，她的卵巢便開始每個月會排卵一次。

靠近卵巢的地方有一條小管，叫做輸卵管，上接卵巢，下連子宮。子宮是像普通梨子大小的器官，內部空空如袋，位於女性下腹腔中部。兩條輸卵管分列子宮左右，將卵巢每個月所生產的卵子輸送到子宮中。子宮下端通到一個細長的管狀陰道，又稱陰戶。陰戶位於女性下腹兩腿之間，上接子宮下端，下則向體外開放。

子宮的作用

子宮主要作用是保護及養育留在母體九個月的胎兒。在此時期，未出世的胎兒緊貼在子宮內部，從母體吸收營養。胎兒逐漸長大，子宮也隨之膨脹擴大，以便容納胎兒，直到出世為止。

單有卵巢的卵子，卵子無法成為胎兒。唯有在男子的精子進入子宮，上溯與輸卵管裡的卵子結合後，精子與卵子會合併分裂成為胎兒。因此，男女到了結婚後，藉著性生活，又稱性交，由男子把體內的精液向女子的陰戶輸進。這精液中的無數精子會奮勇向上前進，有的果然一馬當先，直闖子宮上溯到輸卵管。這時，如果遇有女體最近生產的卵子，便與之結合，併成一體，發育成為胎兒。如果精子遇不到卵子，就會死亡。至於卵子與精子結合而成的胎兒，則居留於子宮中，約九個月時間，一直和子宮壁膜相連，由此獲得母體的營養發育。

女性沒有結婚時，每個月卵巢所生產的卵子，因沒有和男子精子結合，卵子便無用死亡，最後由輸卵管經陰戶而排出體外。

女性生殖器官的全部作用，都是和當媽媽有關。前面提過，子

宮的壁膜對胎兒的生命大有貢獻。胎兒在子宮中，全靠壁膜供應營養；這種供應的作用，甚至在胎兒尚未有血管之前，就有所準備了。因此，在每個月女體生產卵子時，子宮壁膜會變很厚、很軟及充滿供應胎兒發育的養料。如果此時沒有男性的精子輸入陰戶而上游至輸卵管與卵子結合，胎兒就無從發生，而子宮壁膜上的這些供應及變化，也便無用，剝落成碎片，隨著血液經由陰戶排出體外。這種作用，叫做月經。凡是健康的女子，每個月都會有一次月經，只有在懷孕期，胎兒在子宮內吸收營養，才沒有月經。

　　月經通常持續約三至五天，那些破碎無用的子宮壁膜會隨著大量的血液，由子宮經陰戶而排出體外。在此期間，女性會使用衛生棉，讓生活可以照常進行。

　　月經本是正常的女性生理作用。因為子宮的肌肉壓縮無用的舊壁膜，使之排出體外，所以有些女性會覺得痛。一般而論，女子在月經期間會比平常不舒服，或是對某些事情不大願意去做。

體貼女性

　　男子對女子，當處處體貼溫柔，尊重女性。如果她拒絕你的請求，不願去什麼地方，或是不肯參加什麼體力活動，或是要回家休息，你不可以勉強她，或老問一些不必要的問題。也許她這時有不便啟齒的理由，就如月經來臨之類，無法對你解說。因此你應當尊重她，聽從她的意見，改變一下話題會更好。

　　相較之下，女性較為軟弱，我們既為男子漢，自當俠義為懷，照顧婦孺，不但尊重自己的媽媽，就是對女朋友及妻子，也當體貼才是。

為何本章特別提及少男們應當愛惜自己的身體，
勿養成自慰的壞習慣呢？

除了用功讀書充實自己之外，你當如何安排休閒
娛樂呢？

在這個求學階段，亦是美好品格的成型階段，為
何在此時立定心志很重要呢？

5 自慰與自愛

for Teenage Boys

在青春期，人生的水平線很快展開，彷彿是海闊天空，一望無際。過去的事情總算是過去了，你一定很喜歡自己已不再是小孩子了；眼前事事新鮮，每一分鐘都感到愉快；至於將來，就尤為可喜可慕，未來正向你招手，提供你許多機會，讓你一試新的才幹，一展本事。

雖然你在憧憬著將來，但眼前仍有許多光明喜樂在等著你，只要你決斷妥當，行事聰明，便可左右逢源；如果你對新得的一副本領，未能善加利用，或舉止失措，可能隨時隨地就會有失望及痛苦之慮。

例如：怎樣運用你體力，你可能過度使用，損及心臟，扯傷韌帶，傷害了健康，影響到前途，在讀書方面也會趨於極端。如果你不讓體力及智力雙方的活動平衡發展，便有使神經系統過勞的危險；如果你沒有充分的睡眠，也會使神經資源不足以應付來日方長的人生。

少年時期的你，不但在體力及智力方面有了廣闊的開展，同時也正式踏進成人的門檻，因此對人生有新的興趣及反應。你的生殖器官已發育到更令人注意的情形，所生的敏感使你好奇的想要知道其意義。也許你已發現自己幾乎太性急了，迫不及待的想揭露生命真相。你巴不得能夠立刻明白成人的生活才好。

陰莖勃起是自然現象

在你跨進少年時期後不久，也許就有這種經驗，只要留心注意

某些情景，便可使陰莖（俗稱陽具）微微舉起。例如：閱讀色情的讀物或圖畫，乘坐公車時的搖晃摩擦或看到有關女性姿態的圖像，都可能使生殖器官有勃起的反應。

通常，少年人比中年人對各種這類的刺激更敏感，易起反應。少年人幼嫩的神經機能很容易引動勃起，常有一觸即發之勢。因此有些少年甚至會在一群女朋友中，忽有不便的尷尬情形常會發生。

你的生殖器官很容易起反應，這事實並不表示你的新欲望已可容其全部發展了；因為這只在你有為夫為父的資格後，這種欲望方可得到完全的解決。因為在少年時代便開始有這種勃起的反應，是使你在結婚之前的好幾個年頭中，學會合理的約束自己的思想，善於控制各種反應，調整自己的生活，以達到成人的階段。

勃起的真正意義本是夫婦愛情生活全部反應中的一部分，使丈夫可以向妻子表示人類一切關係中的更完全的愛。夫婦之愛包括彼此戀慕之情，其深刻程度遠非言詞所能表達。愛情使兩個人相依為命，互賴安全，心心相印，並使彼此為對方謀幸福及促進對方的快樂。因此，夫婦的真實愛情，有賴於情緒與情感的作用，才能表現出最高的愛情，至於肉體方面的反應，不過是輔助作用而已。

夫妻之愛與生殖器官

在夫妻性愛上，丈夫在肉體方面的最初表現，便是生殖器官內的小肌肉起收縮作用，結果陰莖變大，形成勃起。這等情形，乃是由夫婦雙方的愛戀及肌膚接觸而起的收縮反應。陰莖勃起越硬越緊張，終至到達了最高潮的反應，叫做洩精，也就是把精囊裡的精液

從尿道口排洩出去。唯有這種兩性愛情的完全表現，始有使夫婦成為人父人母的可能。

我們已討論過男子的生殖器官在反應方面是很敏感，甚至很輕微的刺激也會觸發這反應，這種情形在少年時期尤其明顯。此外，生殖器官對刺激的反應會給人一種快感，叫人喜歡再來一次。因此，一個少年人應當十分小心愛護自己，不可兒戲這些細嫩的生殖器官，以致有了一試再試的強烈欲望。

陰莖的包皮很敏感，略一觸摸即可勃起。小孩子或年輕人若隨自己的情欲而行，繼續刺激陰莖，便會洩精；這種不自然的洩精，叫做手淫，也有人稱為自慰或自瀆。

小心染上自慰習慣

自慰是一種正常的現象。有些動物也有自慰的行為。注意衛生及不要過度就對健康無害，所以自慰的次數不要太過頻繁。因為手淫的習慣會使人輕看自己的生殖器官，把這些器官的神聖功用降格成純為發洩肉體的情欲。

手淫會讓人消耗大量的神經精力，幾乎把體內儲存的精力耗光，好像一根鐵棍放在電池上，使電力頃刻走光一樣。手淫會使人儲存的生機活力耗盡，叫人疲倦、無精神及沮喪。

年輕男子如果要生活健全，除了自然的安排而有前文所提的遺洩外，絕不妄圖非法排精，一定要好好照護其生殖器官，直到結婚時始合法應用，以盡其為夫的職責。

洩精的反應作用很強，若在婚前妄予玩弄，會很難約束自己，

因此很多人對此事偶一不慎，往往會耽溺於手淫習慣，戒之不易。

　　少男如果染上手淫習慣，便會消磨努力圖取成功的志氣。由於精力的大量消耗，對一切有可作為的事，也都因為「力不從心」而不感興趣。繼續放縱此習慣，便把儲藏的精力減到平常生活上應有的精力以下，以致面黃肌瘦，精疲力盡。凡是正常健康孩子所能得的成就，他都無法應付。他對人生高尚事業也不感到興趣，變成了手淫習慣的奴隸，放縱情欲的犧牲品。

　　少男如果不幸染上手淫習慣，由於無力保持清醒活潑的精神，所以在態度上也就懶散蠢笨。對讀書研究既不感興趣，精神上的發育便很遲鈍有缺憾。凡事避難就易，怯懦不前。

　　人如果有了豐富的精力，就會清醒、活潑，積極接受人生的挑戰，並維持身體各部位的健康。我們身上的各部分都有神經管理著，由其激發而起動作，正如電動器具接上了電流後起功用一樣。因此，人的神經精力若是藏量過低，全身便受其苦，各種部分失去正常抗病之力，疾病因而易於侵入，時時容易傷風感冒，形容憔悴，缺乏健康人所應有的蓬勃精力。

　　少男如果染上了手淫的習慣，會在心理上蒙上一層慚愧的暗影，因怕被人發覺遭人不齒，便多方設法掩飾。這種提心吊膽的祕密與焦慮，剝奪了他人生的樂趣，心不寧靜，多愁善感，整天自覺有病。

　　少男如果想避免養成手淫習慣，建議可以：首先，避免和喜歡談論兩性問題的同伴接近，因為他們有了此種惡習，不僅想影響別人，而且鼓勵別人也做此事，引以為快。其次，避免不必要的接觸

陰莖。陰莖的皮膚非常敏感，其中充布著無數神經末梢，一經接觸
稍久，便會刺激洩精。聰明的少男，除了洗澡時必須潔淨陰莖外，
平時絕不輕舉妄動。

包皮有時也會刺激陰莖

還有一層生理上的關係有時也會刺激陰莖，叫人想要觸動，那
就是包皮太長或太緊。包皮是柔軟的環形皮膚，包蓋陰莖的末端。
現代醫師常會在嬰兒出世後幾天內，用小手術把他的包皮割除。這
種包皮環截術，即是所謂的「割禮」。猶太人及回教徒從古以來就
行此禮儀，現今一般人也有這種風氣。這是一種很衛生的處置，因
為包皮太長，容易藏汙納垢，刺激陰莖，叫人會想要觸動它，可能
導致手淫。

有些男子到了少年時還沒有行過包皮環截術，這時仍可請醫師
代為施行，這種手術簡單不費事，可說是有益無害。

避免手淫的另一重要因素，就是禁止色情的閱讀及談話與邪淫
的胡思亂想。少男如果放縱這類思想，會增加刺激生殖器官，容易
以手淫來解決自己的衝動。

少年若是在性格方面發展在積極進取的事上，興趣會向外過於
向內，因此注意別人會過於注意自己，認為自己應當多幫助別人過
於自惜自憐，力圖博取別人的同情與慰藉。少男如果成日孤居獨
處，是不正常不健全的現象。最好能夠和別人，如父母、兄弟姊
妹、良師益友們一起生活，不要單獨在 處。每個男孩子應當盡力
成為爸爸和媽媽無話不說的知己，這種友好親信的態度，使他不至

於自私自憐，及大大消除陷入惡習的機會。

慎重擇友發展社交活動

正常的少男都有社交的傾向。在這段人生中，他喜歡家人以外的友情。發展友誼交遊，並非不好。與相同年齡的少男少女做朋友，是正當之舉，但在擇友時不能不慎重。古人說：「毋友不如己者。」意思是選擇的朋友在品行、學問上都應當有高尚的標準，這樣才會彼此勉勵向上，猶如蓬生麻中，不扶自直。交遊好朋友，可以激勵你健全勻稱的發展，消除過於注意自己的危險。

少男應當盡力避免極端的怠惰，也當避免過分活動。但在這兩個極端中，寧可活動，不應怠惰。因為在此時期，體力及精神都甚健旺，是發展身心的最佳機會。他既不能把全部時間花在讀書及工作上，因此就將餘暇的時光用在休閒活動上，這比怠惰閒懶要好得多了。

制定規律的體力活動

制定規律的體力活動，藉以解除緊張的情緒，發洩過剩的精力。正當、有規則的體力活動，可使少男晚間正常酣然入睡，補充精力，以便次日活動。這種酣然入睡的休息，可避免患上手淫的機會。

然而單有體力活動，仍是不能建立均衡的人格。最理想的辦法是身心兼顧，使精神與體格一起發展。如果要精神及智力方面有正當的發展，對閱讀方面不得不注意。在校讀書固然很好，放假或課

餘之暇，也應當閱讀優良的課外讀物，以保持精神智力不斷的正常進步。

此外，在飲食方面也有很大的因素。各種香料濃烈的食品以肉食為主的蛋白質，會刺激人的情欲。凡欲避免破壞品格及健康惡習的人，尤應禁戒不正常的食欲，以免易起衝動。少男需要富有營養的食物，應付各項身體的需要，並維持健旺的體力，以從事各種的活動。也應當管理自己的食欲，不要放縱食欲或成為食欲的奴隸。

靠信仰戒除邪惡

年輕的基督徒可以從信仰上獲得莫大的助力，戒除邪情惡欲，建設健全人格。《聖經》說，我們的身體是創造主的精心傑作，好像一座聖殿一般。我們應當祈求天父賜予能力，幫助我們克服情欲，解決個人的難題。我們不能妄想上帝會替我們清除一切試探及情欲，但我們可以抱著積極合作的態度，求上帝幫助我們勝過各種情欲試探。有了堅定的宗教信仰及熱誠，便不難在德、智、體三方面有健全的發育，建立真善美的人格。

面對世上五花八門的同性戀事件，你有何看法呢？

現今世界有人認為同性戀者亦可結婚，你當如何看待呢？

如果你朋友中有此種傾向，你該如何幫助他呢？

6 當心同性戀

for Teenage Boys

人類在友誼上有一種古怪的現象，即所謂的「同性戀」。每當提起這個名詞，大家都會覺得大有神祕感，對此甚感莫名，為什麼男人會愛上男人，女人會愛上女人。

同性戀傾向是天生或後天，根據近年來的臨床心理輔導綜合發現，一般同性戀者大多和成長環境有關，可能肇因於家庭中父母管教子女的態度，尤其是母親角色的占有慾、父親角色的缺席，此種「環境論」的說法是對男同性戀者家庭關係的主要素描，或是幼年曾受到性侵害等。

其實，同性戀傾向是天生或後天並不重要，我們可以透過閱讀過來人的經歷，有助於少年明白同性戀的掙扎，而我會寫本章，正是給你們一個及時的警告，幫助你們採取合理的預防步驟，防微杜漸，避免與別人發展這種不正常的關係。有許多少男因為對此種同性戀愛的事無知，以致成為無辜的犧牲者，而在處境可怕之時始驚覺其危險，所以作者覺得有值得一提的必要。

曾有一個在校寄宿生，十分惶恐的向導師求教。他是一個很好的少年，個性和善，朋友很多，備受同儕們的歡迎。他器宇軒昂，五官端正，十分健康，在學業及各項體育運動上也很成功，大家都對他另眼相看。

他特地請教導師一個應立即解決的問題。他雖是男子漢，但他在向導師供述難處時，竟然淚流滿面，悲傷不已。

他剛才收到一封信。寫信的人比他大十歲，和他已有約三年的親密交情。那人還沒有結婚，外表上看起來斯文，很正派。

他們的友誼是從他十三歲開始。他沒想到那人為什麼會對他獻殷勤，對他特別好。他以為那人的關切是出於好意，只是幫他度過童年踏進少年而已。但他們建立友誼後不久，他發覺那人對他特別注意，尤其是兩人單獨相處時，那人對他的生殖器官之反應最感興趣。

這位少年雖然從來沒有聽過同性戀愛的問題，可是他很聰明、機警，他覺得這種關係並不正常，因此規勸那位大朋友。不料，那人竟厚顏無恥，反而對他大肆威脅，把一切罪名都歸在他身上，並說如果他拒絕繼續這種關係或向別人提及此事，將對他不利等話。

此時，這位少年獲知有好幾個孩子受到那人的欺騙，那人甚至用花錢的方式遂行其汙穢的手段。

這位少年原本想到學校寄宿就可擺脫那人的糾纏。不料，那人寫信給他，說不久會到學校來看他，並要他安排一個時間和地點，讓他們可以單獨相聚。這位少年深知那人的用意，急得無計可施，只好求教於導師。幸而這事得到解決，後來那人被捕並被判兩年徒刑。

我提這件事，是要證明世上確實有同性戀，少年人偶一不慎，隨時都有可能墮入其中，成為無辜的犧牲者。

為杜絕此種弊害，我們最好先簡略的研究關於此事的背景及科學根據，探明到底為什麼有些人會發展這種曲折離奇的人生。

在少年時期，人的交遊幾乎以同性為限。在這段時期，男女各自遠離，男生看女生是好嘮叨又討厭，女孩也不理睬男孩，看他們是粗野人。雖然這樣，在正常發展下，這種仇視異性的態度不會持

續太久。這個時期一過，男孩子又開始注意女孩子，而女孩子也對男孩子發生興趣。所以到少年階段的中期及末期，可看出男孩十分喜歡社交生活，樂於和異性周旋。

只有極少數的人過了轉變時期仍是態度不變，只對同性特別愛戀。雖然在外表態度上對異性不喜親近，但他們身上的生殖器官及內分泌仍照常發育，因此他們在內心也有一種渴求社交出路的想法。在這種複雜變化的情形下，他不幸的鑄下了以同性朋友為愛情對象的念頭。若長此下去，到了成年時期，反常的態度可能使他一誤再誤。不願從結婚的性生活中求得正常的滿足，只想由同性朋友身上求發洩。

同性戀愛，男女都有。換句話說，就是男的與男的相戀，女的與女的相戀。這類反常的戀愛，其動機原則都是一樣的。

同性戀的迷失

明白了同性戀的迷失，就當格外留心，對陌生人十尤應謹慎交遊，只要可能有同性戀的傾向，稍一不慎，便可能後患無窮。

有個朋友告訴我，當他少年寄宿學校時，有一個比他年長的學長來找他，態度非常和善友愛，並建議他，如果能夠一起同床共寢，他們的友誼會更增進堅強。朋友那時雖是少年，甚覺怪異，便毅然拒絕，從此斷絕往來。

有同性戀傾向的人初次來找你時，會表現出和善親切或微薄溫情，有時會用傳字條或傳簡訊來表達情意，久而久之，越來越親密，像是情人一樣，如果有別人接近你，他會表現出妒忌，大發醋

意，有這些情形都當警惕。因此，少男對同性向自己表示特別的友誼，就應大加防備，尤其是對方特別有興趣論及性的問題，更要避之如蛇蠍！

說到這裡，我想你會問：「有了同性戀的人之後會怎樣？」或是問：「有這毛病的人，能否戰勝惡習，重新過著健全正常的人生呢？」

同性戀往往由童年時期開始。他的個性沒有健全的成長，他只「停留」在「對異性沒興趣」的階段。

如果你問：「在個性發展上為什麼會有這種情形？」這問題無法得到準確的回答。根據研究所知，我們只能說這可能是個性未能均衡的現象。人在成長過程如果遭遇環境意外的挫折，也會阻止個性的正常發展。有人因母喪驟變，精神受到打擊，從此對女性毫無興趣。他缺乏了對異性有健全的興趣，結果走入極端，對同性發生愛戀之情。

明白了同性戀的背景會帶來什麼後果，也使有同性戀掙扎的少年人可以謹慎思考，小心選擇人生當行的路。以下概括提出幾點建議。

第一，每位少男應當留心，謹防年紀較長對你表現特別親暱的男人。

第二，每個少男最好拒絕與任何男人同床共寢的安排，以免發生意外。

第三，凡對你身體發生不正當興趣的同性友人，應當警戒而遠避。

　　總之，每個少男應當遠避過分親密的友誼，粉碎同性戀者的引誘，並擴大自己的社交圈，多與同年齡的健康男女朋友交往，發展自己當領袖的才幹，或許剛開始可能會膽怯畏懼，但多次參加後，便自然習慣，舉止大方，生活正常，可免抑鬱寡歡失足同性戀的陷阱悲劇。

你與異性交往時，會不會詢問父母及長輩的意見？

你是否曾想過，為何在這個成長階段中，不宜過早有男女社交的經驗？

7

親暱愛撫

for Teenage Boys

女性之於少男，是非常有魅力的，即所謂的「窈窕淑女，君子好逑。」她那美妙的曲線、嫩滑的肌膚、柔婉的性格，無不惹起少男的讚美及夢寐以求之念。

這種念頭的來由，我們認為是由創造主所起意的，在聖經開頭的部分，老早就清楚的記明此事，說：「因此，人要離開父母，與妻子連合，二人成為一體。」（創世記2：24）家庭的永久美滿，有賴於夫妻間自然正常的情投意合。夫妻間的喜樂及婚姻神聖制度得以維護，皆以此為依歸。

男子著迷於美及特別愛慕女人，在他早年的生活即已開始，比他存有擇偶成家的念頭更早。約在少男時代的早期就有了好逑之念，從此希望自己先好好的下一番功夫，準備做一個忠實、溫柔體貼的丈夫，然後等時機一到，馬上可組織美滿的家庭。

上帝使你身為鬚眉男子，祂不但賜你有雄性的器官及作用，也賜你智慧、觀察及明辨是非之心。你終身的幸福與喜樂，有賴於這些智能的發展，使你知道如何行事為人。

一個人若讓癖性及肉體的欲望來指揮及控制自己的人生，那就「等同禽獸」了！因為禽獸的生活完全是由於本能，身為萬物之靈的人類，對自己天賦才幹的運用及約束自己癖性的欲望，應負有道德上的義務。

身體是上帝神聖託管之物

世俗的行為標準不足以做為一個真正基督徒的行為標準。世俗

的標準著重在一時興奮的快感，過於長期的幸福及品格的發展。他們鼓勵男女完全照著天性情欲相愛戀，隨心意以求滿足，結果道德淪喪，世風日下。

身為基督徒應當視自己的身體是上帝神聖託管之物，不應讓個人縱欲及私心惡習發展。「豈不知你們的身子就是聖靈的殿嗎？這聖靈是從上帝而來，住在你們裡頭的；並且你們不是自己的人；因為你們是重價買來的；所以要在你們的身子上榮耀上帝。」（哥林多前書6：19、20）「若有人毀壞上帝的殿，上帝必要毀壞那人；因為上帝的殿是聖的，這殿就是你們。」（哥林多前書3：17）

用良知與自制約束欲望

從人生的許多方面來看，一個成功的人必須教育自己的習性和嗜好，使之趨於正軌。例如：人都有愛穿好看衣服的念頭，但良好的良知指導我們，你如果要得好看的衣服，最好的方法就是節省了錢，然後去買它。一個人如果是放縱嗜好華美衣服的欲念，使其欲望過強而主宰了自己的行動，就必受試探想以最容易的方法，甚至用偷竊的手段去取得。可是一個善於自制的人就不會這樣，他一定要先打消愛買美衣的欲念，不論其如何強烈，總得用誠實正當的方法待機取得。

關於享樂也是這樣。好逸惡勞原是人之常情，誰都喜歡享受，不願苦幹。一個人如果讓天性發展到了控制自己行動的地步，必飽食終日，逸居無教，不願工作，閒懶成性。但一個成功的人生卻是工作與享樂保持平衡，以享樂為辛勤工作的報酬。

人生的其他方面也是一樣。必須用良知及自制來約束自己的天生的欲望，尤其是在少男與少女的戀愛上更是如此。如果要享受人生最佳的幸福，如果要過日後無後悔無失望的美滿生活，就必須訓練自己按著良知對女人有正當的愛慕。

然而，這不是說少男必須過著閉門隱居、謝絕社交的生活，等到佳期終於來到時，才匆匆向所愛的女人求婚。一個誠實忠直的基督徒青年，在對女人發生健全的愛慕上，必須嚴格約束自己的天性情欲，「知所適止」，必須嚴厲管制自己「占有欲」的天性，直到婚後才同享男女正常閨房之樂。

在正當的社交場合，男女都可得到交友的樂趣，發展雙方的個性，為未來的幸福及成功生活做準備。青年男女不但在社交生活中得到快樂，也可增進彼此間的認識，對雙方的性格態度更了解，在健全的交往中，男子更有把握做出聰明的選擇，得到合適的終身伴侶。

世俗的社交標準與基督徒的社交標準最大的區別，是在男女相處的態度上。關於這一點，我不願說許多「可」與「不可」的話，只提供一些原則。知道這些原則，你就可以在個人的指導方針上加以應用了。

所謂「男女親暱」，是指男女間肢體上的互相愛撫而言。各地的風俗不同，男女相親的程度也有異。不管現今流行的親暱愛撫方式如何，我們所要討論的，乃是這些行動對未婚男女是否清白或有害。

我們且先研究一下許多男女經常提出的論據，他們說：「我愛

這位女子，希望到了合適的時候和她結婚。既然早晚我都要娶她，那麼現在肢體上的彼此交觸，感受一下愛情所帶來的快樂，又有何妨？這不過是小小的示愛，保證我們是真心相愛罷了！」

為便利討論，我們姑且承認你們真的是誠心相愛，甚至認為你們將來也終必結婚，請問，是否還有理由要你們不可縱情愛撫，貪得一時之歡呢？

一時之歡侵犯神聖婚姻權利

第一，男女在婚前過分親暱愛撫，誰都知道這是不合宜的，尤其是在青少年時期更是不合體統的行為。雖可得到一時之歡，卻是出於肉體的性欲，會刺激人持續起性欲反應，終至欲火連連，無法遏止，而干犯了上帝為神聖婚姻所保留的權利。這種「先行交易，擇吉開張」的經驗，使雙方不知不覺意識到自己已偷盜了未來幸福的重大價值，並在精神上有犯罪自慚之感。

人的心理是很奇怪的，如果有兩種經驗同時發生，它們在思想上就永遠無法分開，無論何時，只要想到一種，便會聯想到另一種。例如：一首美妙的歌曲，如果在喪禮上演奏，就會呈現悲哀的色彩。聽音樂的經驗與傷心的感情交織在一起後，讓你此後無論何時只要一聽到那首特別的音樂，便會聯想到喪禮而引起悲哀的反應。

話說回來，我們知道男女親暱愛撫，在肉體上的確是一種很強烈的經驗，可是如果在婚前偷跑，那種精神上的犯罪感也是一種很強烈的經驗。這兩種強烈的經驗如果同時發生，那種又驚又喜的刺

激足以令人終生不忘。縱使日後果真成為夫婦，在行夫妻之禮時，過去相連的犯罪感始終無法消除，遂使終身夫婦生活蒙上暗影，無法享受到健全應有的快樂。

　　在婚姻的範圍內，男女相愛，肌膚相親，發生肉體關係，這原是理所當然的事，分有應得。丈夫要和妻子密切親近，妻子也要從丈夫的懷抱中獲得最大的滿足，這都是男女相愛的天然表現。這種理想的夫婦交歡相愛，不應該有恐懼緊張及悔罪慚愧的感覺。既是正式夫婦，琴瑟好合乃是一種真正的幸福。

婚前越軌損失日後幸福

　　青年男女如果在婚前實行肉體交歡，恐將不能獲得愛的全部幸福，一方面是由於環境，礙於惹來爭議，另一方面又有非法犯罪的慚愧感。這等不愉快的心理感覺可能影響到婚後的生活，剝奪了正式夫婦應有的交歡之樂。

　　進一步來說，青年男女雖有特別友誼，相親相愛，甚至彼此以身相許，但卻未必真能貫徹初衷，達到「有情人終成眷屬」的夢想。尤其少男少女，對婚事前途的變化更多。情海波濤險惡，今日許多青年男女當初非常相愛，私訂白頭之約，結果竟有始亂終棄的悲劇者，比比皆是，令人不勝悲嘆！

　　從另一方面來看，如果你與某少女有了特別的友誼，甚至容許彼此探索對方肉體的祕密，發生只有夫妻才應該享有的關係，到後來，彼此又覺得不能情投意合，導致兩人分道揚鑣。試問，將來彼此的記憶中，對那回事又將留下何等的印象？你們兩人誰也不會以

那些早熟的過度親近為得意或值得自豪之舉，甚至彼此再見面時，也會感到羞恥及後悔。不但如此，此經驗會影響彼此將來的婚姻關係，難以得到健全的調整。那失望的愛及那番經驗的回憶，都會使彼此損失未來夫婦之樂的一部分。

有些青少年對愛撫親暱的想法，抱著另一種態度，他們常這樣說：「我們的友誼不是認真的，只是逢場作戲，彼此交際而已。我們將來不打算結婚。我們的親暱無非是彼此高興和快樂吧了！」

這種態度可說是更危險了。在人格的發展及未來理想的生活上，都比以前提到的那一等人更為危險可怕！人有了這種態度，便是毫無尊重對方之意。他們既無結婚之意，這種乾柴烈火的接近，目的只是貪圖一時肉慾之歡，竊取那只有神聖婚姻所應有的合法權利，可說是不法之尤！破壞了男女之間的神聖關係，得罪上帝得罪人，結果必導致一生失望痛苦、憂悔無已！

當然，抱此態度的青少人常會有堅強自信的心，以為自己有把握可以懸崖勒馬，適可而止。然而事實上，這是極危險之舉，人類男女的關係到了如此親密的地步，往往不是理智所能控制，造成一失足成千古恨，到時悔之已晚！

聖經上警戒我們，男女不可有非法或不聖潔的關係發生，這不但指肉體上的接觸，也是指精神上的淫亂。主耶穌曾申明此種意義說：「凡看見婦女就動淫念的，這人心裡已經與她犯姦淫了。」（馬太福音5：28）

談到男子如何對待女子的問題，本章並無意提到許多「可行」與「不可行」的話。在本章結尾，我願以一位大學校長的幾句話來

做總結。這位大學校長與青少年相處已有長期的經驗，對青年男女的難題有很清楚的見解和有關愛的態度，是一個可愛的丈夫和父親，也是一個誠實忠直的基督徒。他對青少人的勸勉是：「你若能隨時照著白天在校園中，或在你女朋友的父母面前，所採取的態度而行，你的行動就無可爭議了。」

若是你認識了某位女子，你會認定她就是你的意中
人，而不會有其他選擇嗎？

你是否想過男女交往的過程與婚姻有何關係？

你在與異性交往時，會不會覺得自己容易墜入情網
而無法自拔呢？

8 戀愛與失戀

for Teenage Boys

安德森是在校寄宿生，一天，他去找舍監，談及心裡話，希望得到安慰和指導。原來，安德森的女朋友艾莉絲同時和另一個男孩子交往，安德森覺得自己和艾莉絲的愛情，將隨時付諸東流！

安德森和艾莉絲同年齡，彼此相戀一年，兩人各方面都很好，情投意合，從未爭吵過。他們的交往很穩定，雖然沒有正式訂婚，彼此覺得早晚一定會在一起。

安德森，十八歲，還要再讀幾年書，且父母只能供給他一半的學費，他覺得現在結婚太早了。他很喜歡艾莉絲，事實上，他已愛上艾莉絲。安德森覺得艾莉絲樣樣符合自己的條件，是理想的對象。安德森認為，兩人可以繼續愛情，等時候到了，條件成熟，必定會結婚。

但艾莉絲的想法不同。艾莉絲雖然年輕，卻很想訂婚。她承認自己很愛安德森，但對他的升學計畫感到不耐，認為安德森愛讀書勝過愛她。

安德森肝腸寸斷的對舍監談及此事心痛不已，他極愛艾莉絲，覺得沒有她，人生無意。他難過的說：「事實上，她是我唯一所愛的人，我們的愛情如果從此破裂，我真不知道該怎麼辦！」

舍監是聰明人，他不和安德森辯論艾莉絲是否是他唯一愛的女子，卻深知艾莉絲不滿意安德森重視升學計畫。他知道，艾莉絲還不明白高等學歷可以讓安德森得到更好的職業，如果安德森接受高等教育，才有可能得到出人頭地的職位，遠非只是隨隨便便找個工作可比。

艾莉絲是可愛的女子，她不想因安德森的拖延論及婚嫁而延誤自己人生，更不願被安德森渺茫的希望延擱而犧牲自己的社交活動。艾莉絲既有這種態度，舍監對她接受別人的邀約，認為是人情之常，不足為怪。

舍監通情達理，不願和安德森辯論這問題，他只是問：「安德森，你是否願意讓我有六個月的時間，證明艾莉絲並不是你唯一可以愛的女人？」安德森聽了很驚訝，他做夢也沒有想過艾莉絲不是他最理想的對象。但他知道舍監是聰明人，舍監會這樣建議一定有其理由，他也知道自己現在和艾莉絲的友誼已「擱淺」了，所以只好說：「好吧！先生，就六個月，我想你一定會證明你的話。」

學期結束，暑假來臨，到了秋天，新學年開始時，六個月匆匆過去了。

一天，舍監在校園碰到安德森，安德森舊話重提，問：「先生，你提的六個月已到了。」舍監微笑的點點頭說：「是啊！安德森，現在我正想向你證明我的觀點沒錯。」舍監說完眨著眼睛繼續說：「我昨天好像見到你和瑪莉在校園散步，對嗎？」安德森不禁笑了，承認說：「先生，我想你贏了，因為我覺得自己對艾莉絲不再那麼愛她了。」

許多青少人也有過這樣的經驗。彼此有了特別的友誼，自認很穩定，以為自己的戀情如同海可枯、石可爛，但愛情永不變。然而，多半的青少年都嘗過失戀的經驗，最後在找到能經得起時間考驗的佳人之前，總不免有換來換去的情形，這是很正常的現象。

在青少年時期，男孩子常會偷偷愛上某個女子，以為她是世界

上最好的。在這段「暗地相戀」的時期，男孩子年紀小，沒有膽量向屬意的女子公開表示心意，只是遠遠的讚美、愛慕她，找各種機會和她碰頭、談話，如果女子給他一個甜蜜的微笑，更使他有飄飄然的感覺，或許會壯起膽來，替她拿書包，送她回家，或用其他方法討好她。在初步的接觸上，本來也沒有其他想法，不過是好奇而已，想知道自己究竟有否能力引起所讚美女子的注意罷了！

有了這種開始，接著當然常會有些小小的特別友誼，和這個女子好幾天，和那個女子好幾個禮拜，變化無窮，不一而足。或在學校交換紙條，或一起出外野餐。約翰可以帶海倫去赴社交聚會，也可以邀請蘿玲參加聚餐，這都是泛泛之交，說不上是戀愛，而且當事人也不會放在心上，只是想藉著交友來發展個性，增廣見識而已。

經過這段對女子感興趣的初期經驗後，一個少男漸漸學會了選擇的功夫，在心中定下自己的理想對象。

在早期的特殊友誼中，少男也許會發現自己喜愛的女子什麼都好，就是脾氣不好，自然而然會希望一個女子有好脾氣、有大度量。交往中，有時不免會改變計畫或取消約會，或忍耐失望的事，如果所愛慕的女子性情急躁，或因天氣變卦不得不取消出遊而大發脾氣，蠻不講理，他必順理成章的下結論，認為這種女子缺少涵養，對自己的前途幸福可能不利。

在剛開始交往時，少男或許會發覺所專注的女子非常主觀，以自我為中心，一意孤行，凡事必須遷就她。不錯，少男當然會事事討好女友，但如果再三遷就她，最終不免起嫌厭之心，尤其是一群

好朋友相聚在一起，女子固執己意而行，使別人感到不便或難堪時更是。

　　少男或許會遇到出身富貴家庭的女子，雖然這女子沒有自私成性，但因父母眼光狹隘，對她嬌生慣養，讓她一切予取予求，而養成了豪奢的習氣，她所希望得到的禮物貴重到一般男孩子買不起。

　　少男與少女雖然年齡相近，一般女性比男性早熟，會較早關心社交活動，注意特別的友誼。有時她們會對「遲鈍的」男友頗感不耐，用盡辦法來暗示或勸說，藉以增進社交機會。這個時期的女子，常被人叫做「萬人迷」。對少女來說，這原是正常的經驗，不足為怪，而且這個時期很快就會度過。雖然這樣，也會有些例外，例如：有些少女會對男子採取攻勢，如果她有很靈敏或討人喜愛的性格，她的計畫（指女性向男性求婚）就很有成功的希望；有時，媽媽還會當起參謀，千方百計使她在社交活動上大展身手，早日得到乘龍快婿。

　　但是這類的陰謀或詭計若被男孩子識破，往往會弄巧成拙，很快就會終止這場特殊的友誼。

　　在青少年的交際中，少男或許也會碰到已懂性事的女子。一個有教養、善於辨明是非、品格高尚的男孩，和這種女子交往，過不了多久，就會看出這種友誼的害處。這種女子的談話很快會牽連到不雅的題材上，她所穿的衣著及行為暴露、性感。少男和這種女子交往，明知其舉止欠佳，品格標準低落，仍樂於和她相親，是自踏危險，自惹麻煩。俗話說得好：「觀友知人。」你如果與這種惹人爭議的女子親近，會被認為和她是同一類的人；再者，這種友誼維持久了，就無法擺脫女子的掌握，從此無望和理想高尚的女子交

往。這樣看來，最聰明的辦法是一旦發覺所交的女子品德低劣時，應當趕快終止這段友誼，以免受其色情所迷。

　　青少年後期或超過二十歲之後，男子可能在戀愛過程有了棘手的經驗。所愛上的女子似乎超過以前所交往過的對象，覺得現在三生有幸找到了「唯一」的愛人。然而，這種初期「我已得到了夢想情人」的感覺是靠不住的，正如本章開頭提到的安德森和艾莉絲一樣。許多人也像安德森一樣，到了相當時候，如夢初醒的覺悟到對方並不是自己最理想的情人，因此最好不要太快將愛情放在喜愛的女子身上，縱使早期的經驗使你覺得這個女子的確合乎自己的夢想，也應當保守些，不可將愛情拿來孤注一擲。如果這個女子真的和你相合，你們的友誼自然受得起時間的考驗；如果不是，不如趁早結束，免得春蠶作繭自縛，墜入情網太深，將來失戀痛苦不堪！

　　但是，如果你有了和安德森一樣的經驗，你將如何從失戀痛苦中自拔？這問題的答案，在於你有否事先受過警告而定。如果你早知道這不過是人生的一部分，知道早期的愛情不一定堅定可靠，這樣，你的交友態度就會漸次有進展，省卻許多灰心失望之苦。

　　你或許會問：「到底有沒有方法早些知道自己是否找到了真正合適的意中人呢？」這個問題不在本文的討論範圍。我們現在談的對象是「少男」，而這個問題是青少年時期過去之後才會找到的答案。方法一定是有的，但婚姻乃人生大事，必須慎重決定。寫到這裡，我不能不說，在決定人生的許多事情上，一個基督徒總比一個沒有信仰的人更有把握，因為他凡事信託上帝，一切在冥冥中都有神意安排。在決定人生大事上，他得到上帝指導的明證後，便可心安理得，確信日後必得健全幸福的生活。

你當如何避免落入男女單獨約會的不當陷阱中呢？

你既是年紀輕輕的莘莘學子，在學校的男女同學之間，當如何維護你的美名清譽，不讓人有說長道短的機會呢？

9 約會談情說愛

for Teenage Boys

　　對年輕男女彼此相愛，總喜歡有點小事來共守祕密，才覺得是互相知心，快樂無比，他們所守的祕密並非是什麼天大的事，說穿了，很簡單，只是彼此共同經驗中一兩個笑話或故事而已。有時他們會發明祕密的暗語、記號、綽號或表情，叫別人聽來莫名其妙，自己則樂不可支，會心一笑。

　　既然是祕密，自然不會在第三者面前道出，因此，戀愛中的男女最喜歡到僻靜無人的地方約會，卿卿我我，細訴衷曲，互表愛慕之情，或討論未來計畫。

　　一對愛人約會時，其愛情最容易突飛猛進。他們談起未來的計畫，甚覺愉快，互傾喁喁情話，如醉如迷。漸漸的，把話題談到結婚的可能性，他們可能變成了急性鬼，希望婚禮早日舉行，迫不及待的心情，使他們常發出試探的問題：「我們既然彼此真心相愛，為什麼還要等那麼久才結婚呢？」

　　少年時期的男女當然還沒有資格結婚，有時因過於親密，陶醉在愛河裡，乾柴烈火，一時情欲高張，失去理智。因此最聰明的辦法是設法控制情誼，不讓發展過速。在快樂忘情中，不妨冷靜認真思考，以免鑄下大錯，一失足成千古恨！

不宜過早結婚

　　我不贊成太早結婚，也不提倡延長婚約；但在此兩項極端中，我認為延長婚期，比匆促成婚較安全妥當。青少年男女不宜沉緬於愛海中，對此問題當先認真考慮在經濟、教育等方面是否已有充分

準備，然後才可決定締交程度的深淺，以免一時冒昧陷入情網，失去理智而無法自拔。

在社交活動中，男子在情場上展開主動攻勢後，向女子獻殷勤，約會或出遊，表示愛情，甚至在定情論及婚嫁時，男子會先啟齒問：「妳願意嫁給我嗎？」

雖然是男子採取攻勢，但採取守勢的女子對防線強弱有決定性。她可以控制友誼進展的程度快或慢，她有權利取捨男子的約會，可以決定男子要求談情說愛的次數。在男子向她求愛時，只有她能說出要與否。尤其是男子向她表明真心後，彼此友誼的進展速度，可說是完全由她操縱。一個男子對這種事情一定很敏感，會盡心合作，維護友誼的正常發展。

約會談情說愛的次數越多，男女特別的友誼就越迅速發展到結婚地步。因此，要避免友誼發展過速，最好不要兩人經常單獨約會，應當有其他朋友或年紀較長的人在場更佳。

年輕人喜歡打理自己的事情，不喜歡別人告訴你應該做什麼和不應該做什麼。當爸爸媽媽警告你不可經常和情人單獨約會時，你的第一個反應通常會是覺得他們太多心或不信任你。其實，他們無意剝奪你的快樂，他們是真心關切你的幸福，誠意想幫你避免犯錯，避免被人閒話批評而感到難堪。

你或許會說：「我們出去約會有什麼不對？現在很多男女都是一對對出外的，根本不必要太過多心的！」

話雖沒錯，在這個時代，年輕男女雙雙對對出外約會用不著大驚小怪，但未必能使年輕人徒受其利而無害。

儘量避免單獨約會

　　第一，縱使你們的心意純正，但正常男女在彼此親密接近時，不免會起生理上的反應，乾柴烈火，往往情欲壓倒理智。我相信你和情人都是正人君子，彼此毫無邪念，絕無苟且之意，不願有瑕疵；然而在天性驅使之下，年輕男女單獨約會，無論教養多好，難免刺激彼此好奇心，終至理性薄弱，而大膽地「彼此身體緊靠一起了」。

　　一對相愛的年輕男女約會時，甜言蜜語，款曲綿綿。在這種情形下，他們以言語一表愛悅之情，談論私事，彼此感到快樂與信任，加強了愛情的聯繫。除此之外，人類自然的趨勢，會使雙方肉體接近，互相依偎。我們常見到一對情人坐著的時候，身體緊緊相靠，雙手牢牢相握，就是這個緣故。這種親暱很容易發展到超過合法的範圍，由依偎、親吻、撫抱，終至於發生肉體關係。因此，一對情人經常單獨約會，免不了會闖下色膽包天，糊塗失貞之事。

　　我相信你，雖然是個少男，對這些事一定自信很明白，且確實知道應當怎樣潔身自愛。可是這條界線十分曖昧不明，往往非自己之力所能畫定，肉體的接近是由情欲的衝動而起，有一種說不出的快感，這種快感漸漸而來，得寸進尺，使人如醉如迷，終至情不自禁。一對年輕男女約會的次數越多，關係越密切，簡直作繭自縛，無法解脫。許多人剛開始都是誠心正意，由於多次的約會，竟至神魂顛倒，鑄下大錯，後悔不已！

　　你會反問：「你以為我和情人約會，自己不知道要小心檢點嗎？」你問得很對，我的意思就是這樣。為證明慎重起見，我不惜

一再重複說：「當一對年輕人單獨約會時，理智容易被情欲所壓倒。」

　　也許你會再問：「我應當怎樣預防，不讓這種天生的情欲放縱，以致犯下後悔莫及的大錯呢？」這個答案很簡單易行，同時不會破壞你和情人之間的特別友誼。如果你留意過前面的解說，就會明白年輕男女愛情突飛猛進，乃基於以下兩個條件使然：孤男寡女單獨約會，無他人在場；盡談個人的體己私話，最易引起情欲衝動。因此，如果不想發生過分親暱的舉動，首當避免單獨約會，其次，話題盡量少涉及個人隱私太多。

　　為幫助青少年男女更能應付各種難題，我願在此提到普通人對這種社交行為浪漫者的觀感。每個結過婚的人都知道，年輕男女密切接近的自然發展是什麼。大家見到年輕男女耳鬢廝磨，朝夕接近，常單獨約會，便一定會猜想他們已發生了肉體關係。這話雖有點武斷和不公道，可是許多的閒言蜚語便是由此而生。人言可畏，讓人無法自白。

　　不但少年男女或未婚男女，應當盡量避免這等閒言閒語，已婚男女也應當寶貴自己的名譽，在社交行動上要格外小心，以免受人毀謗。一個已婚男子去拜訪朋友時，如果只有朋友的太太單獨在家，為了顧全大局，盡可能不要進去。縱使動機純正，毫無邪念，在各方面都顯示出是正人君子，冒昧進去，難免有瓜田李下之嫌，給人說閒話的話柄，那就真對不起朋友的妻子和自己的太太了。

謹慎社交保全名譽

　　既然是已婚男女都要小心行動，以保全社交名譽，何況少年男

女，豈不更應格外自愛，以免落人話柄！年輕人的名譽乃是無價之寶，必須保全好的名譽，才能有幸福的未來美滿生活。

年輕女子容易被欺騙，以為在社交上不肯犧牲色相就得不到男子的愛情。這種不幸的錯誤觀念流行後，已使許多年輕女子被愚失貞。其實，如果一個男子在和他的女友談話中有此種說法，就表明他的存心不良，僅圖一時肉欲之歡，而非顧及健全的友誼，一旦他達到歪邪的目的後，便很快會始亂終棄，轉移目標，倒霉的還是意志薄弱的女子。

因此，在社交中，現今以及未來的真正幸福，完全操在自己的手中。你可以做聰明合理的決定，不讓那些不利環境出現，盡力遏阻那些發展肉體情欲及引起無稽謠言的機會。所幸我這個忠告並非難於實行，希望你能在健全的情勢之下，發展健全的友誼才好。

你會讓心情掌控你呢？還是你會掌控心情？

在你成為一位成人之前，你當如何學會保持你的精力呢？

在面對人生的各種境遇和挑戰上，你是以冷靜客觀的態度看待？還是隨著心情的好壞去面對呢？

10 心情的好壞

for Teenage Boys

幾年前我從事一項研究，需要用顯微鏡來拍攝很多照片，於是，我請了一位懂得攝影的朋友來幫忙。我們忙了好幾個鐘頭，到了天黑下班時，工作仍然沒有完成。於是我問他：「你明天一早就來幫忙好嗎？」他猶豫了好一會兒，然後說：「這要等到明天早上看我的心情高興不高興而定。」

　　當時我有點生氣，因為他竟讓心情來干涉工作。在我看來，這項工作非常重要，我希望快快完成。但他卻是心情第一，一切隨心情的高興與否而定。我想你也會預料到的，他在照相的事業上也不會有多大的成就。果然，此後不久，他對照相事業失去了興趣，改行做別的工作。我想，他失去興趣的主要原因，是因為他讓自己的心情當家之故。

　　我想起了這位朋友過於重視心情，又回想起自己在少年時也曾經驗過很多的心情。這些心情十分強烈，甚至我需要向別人請教一番，才能決定是否要讀書升學的問題。真是大幸，後來我學會了怎樣控制自己的心情，不讓心情來控制我。可惜我這位照相朋友，他沒有學會這套功夫。他到了長大成人，還是事事讓心情來決定一切。

心情到底是什麼？

　　在人的生活經驗中，心情占很重要的部分。你我各有心情，每個人的心情皆不相同。心情是屬於個人的，要看個人的習性及所經驗而定。心情到底是什麼？我們很難下一定義，可是每個有此經驗的人都曉得，這是一種實實在在的作用，雖然說不出它是個什麼名堂。當你心情好的時候，你很高興、樂觀，精神百倍的進行各種工

作；一旦心情不好，你就沮喪、悲觀、沒精打采，對本分當行的事也覺得可有可無。

敏感的少年心情

人在少年時，感情很強烈。說不出這些心情是從何而來，從何而往。心情的出現與消失也非常神祕。環境對人的心情有很大的關係，這是不用說的。當你得到稱讚時，你會覺得高興；當你功課順利、家裡的事也做得很成功，你會覺得很得意；但如果不是你的錯而斥責你時，你就會很不高興，甚至生氣，且會一直放在心上，在這一天你對別的事情也會覺得生氣，雖然你也知道對別人無緣無故發脾氣是不對的。

關於你的心情，有時在同樣的環境中有今天這樣的感覺，可是到了明天卻有了不同的感覺。有時會覺得自己有點神經過敏，好像四面八方都和你作對。爸爸提醒你應當做的事，你的反應會馬上發作，好像被人虐待一樣。其實，爸爸並沒有傷害你的意思，他像好朋友一樣，怕你忘記了，幫忙提醒你，但你當時的心情不好，於是很容易誤解，而發了不必要的脾氣。

也許你的心情愉快時，爸爸給你建議這個，建議那個，都不覺得在衝撞你，反而會多謝他的好意提醒。當你心情樂觀、精神蓬勃時，你會有更佳的幽默感，這是你敗興灰心時所沒有的。在你得意時，對某些事會一笑置之；但在失意時，對那些事就會感到不勝厭煩。

也許你會問：「為什麼少年人的心情這樣敏感？」這個問題我

自己也覺得莫名其妙。但我知道，我年齡稍長後，心情已不像少年時敏感了。

　　人的心情和身上所儲藏的精力有直接關係。當你精力活躍充沛時，你是樂觀、勇敢；當你精力疲憊衰竭時，你便灰心喪氣、萎靡不振。因此，一個人身體有病，會覺得沒精打采、悶悶不樂，因為他失去了健康時所有的活潑精力；反之，一個人健康無恙，便充滿自信及無畏，大刀闊斧的執行自己的責任。

不要被心情所左右

　　少年時的你，應當是儲藏著豐富的精力，可是也有很多方法會使你把這份精力花光。人生是動人的，有許多的興趣吸引你去發掘。你不願承認自己的精力及體力是有限的，一意想做許多事情，以致很快的消耗了你的精力而不自知。

　　你曾注意到自己晚上很晚才睡覺，第二天的脾氣會變得很暴躁，精神低落嗎？你也曉得出去野餐一次或離家出遊兩三天，回來後總要花一兩天才能重振精神，把工作和功課再上軌道。這是因為你已用盡了身心精力的額量，所以必須用些時間充實，好像汽車的電池需要再充電一樣。你的精力低落時，會覺得消沉；一旦精力補充旺盛了，又會樂觀愉快。

　　還有一個原因使你的心情這樣敏感，也就是你有了成人的各種特徵，你渴望人們承認你的成人資格。如果你的行動配得上稱為成人，這種渴望是正確與應當的。你的成人特徵是最近才發展出來的，你當然急得想知道成人會如何看待你。因此如果有一點不順的

環境發生，就會覺得是有意為難你，而感到消沉失志。例如：爸媽反對你在家中事情做完之前和朋友出去游泳，你會覺得他們不信任你，故意安排家事給你做，讓你不能跟朋友出去。其實他們並沒有此意，只是你有了幾分心急，想早日表現自己會操心自己的事，你覺得自己好像是處在被動的地位所致。

寫下心情日記

等到年紀稍長後，你多少學會了與人相處之道，明白自己做了可嘉許的事，人們就會稱讚你；但如果有了和大家標準不符的舉止，就會招來批評非議。你會明白有些人是和藹可親的，有些人卻是天生愛生氣。你也會明白應當體諒人們在某些日子中是情緒低落和不舒服，如果對方顯得有些粗野，也不應介意生氣，因為他的心情不佳，但並非天天如此。

如果你有寫日記的習慣，不妨把每天的心情寫下來。從日記中查看自己過去兩、三個月的心情，就會驚奇的發現，原來自己喜怒哀樂的心情好像有週期性。悲觀或樂觀，高興或掃興，都有明顯的規律，周而復始，或是三個禮拜一期，或是四五個禮拜一期，每個人的變化不同（當然，還有別的環境因素對心情也有重要的影響，自不在話下）。

年紀大些的女孩或婦人，這種情緒升沉往往和性生活週期有關。女人的月經通常四個禮拜來潮一次，在月經前或月經期中，她們的心情較消沉。男孩子如果明白這回事，就會知道女朋友為什麼這幾天比平常不快樂，會體諒、忍耐，不要追問她為什麼這樣，使

她難為情。知道再過幾天，她就會恢復正常了。

男人也有心情週期

男人在心情上也是有週期性的，只不過他們的週期性不像女人那樣和月經作用湊巧相同，因此男人的情緒週期變動比女人更大，如果沒有仔細研究、記錄，自己並不容易發現。

一旦你明白自己的心情是起伏不定，常有改變的，你就不會在心情低落時過於苛責自己或別人了。雖然你明白了這回事，但還得知道有兩三種方法可以幫助你在情緒消沉時不至於過度失喪，及怎樣不顧低落的心情仍然繼續工作。只要你學會如何控制心情，做心情的主人不做它的奴隸，你就會在自己個性的發展上有理想的調整。

學會控制心情

關於怎樣控制心情，我在前面已略有提示，你的心情如何，大半賴於你所儲藏的精神精力多少而定。人的精神精力會定期的釋放，漸次減低一些，但是每次到了心情愉快、樂觀勇敢的週期，你的神經精力就有了新的補充。如果你把新近補充的精力消耗得太快，供不應求，結果精力早衰，就會備感消沉及失喪；反之，如果能愛惜這新近所補充的精神精力，就會有足夠的勇氣，可以應付心情低落時的需要。換句話說，你在心情高興時想一跳三步，氣吞全牛，最好要小心，不要這樣才好。如果你在晚間對某些事情很感興趣，想遲些睡覺，最好想一想，認清熬夜之害會耗盡你的神經精

力，使心情低落提前來臨。你身上所有的精力，只夠你應付從這一個樂觀時到下一個樂觀時的需要。如果小心運用，就可順利應付，否則必感精疲力竭，越覺失志，更容易灰心。

其次，你對自己心情所抱的態度，會幫助你不受心情的左右。在你心情低落時，如果同情可憐自己，會使你更灰心失志。你應當對自己說：「平常的我不是這樣的。我向來樂觀勇敢，我不久一定會度過這暫時的低落心情，恢復那樂觀勇敢的我。」

當你心情低落時，不要把自己看得太認真，會幫你維持平常的生活。不要學我那位照相的朋友，什麼都要看明天的心情而定。預先計畫明天要做的事，不管明天的心情如何，如果覺得不舒服，記得這只是暫時的低落，不必理會，儘管前進，照樣進行日常的生活。你應打起精神來，鼓勵自己幾句，學會看輕沮喪失意，就會發覺一次比一次更進步，低落的心情也會慢慢不見。這樣，你會逐漸會發展樂觀的性情，人們見到你有這麼平順的脾氣也都恭喜你，都樂於和你親近。

你覺得要有怎樣的品格，才會受到朋友的歡迎？

尊重長輩是我們應有的態度，你覺得可以落實在生活中的哪些環節上？

11 交朋友的祕訣

for Teenage Boys

每個少男都愛交朋友，也愛在同輩中出風頭，喜歡受年長有經驗人的歡迎。

在幼年時，你不大注意別人怎樣看待你。有了父母的愛護和師長的看重，你已經覺得安全滿意了。此外，你對旁人的態度是「我偏如此！奈我何？」

現在到了少男時期，你開始覺得雖然父母還是把你當作驕兒看待，但這並不能保證你的生活成功。你不希望自己長久倚賴父母，所以便設法與家人以外的人做朋友，維持友誼。

你開始表示關心家人以外的朋友，第一個特徵就是希望同輩的男孩子歡迎你。到了少年時的中後期，你的社交興趣不但已有了同性朋友，也會有女性朋友。這時，你會明白自己生活的美滿與否，也有賴於年長者如何接待你而定。

讀大學時，你會發現成功不只會考試及格，還得和師長們建立起意氣相投的關係才行。不論你升讀大學與否，在求職時的條件是你會不會結交朋友。因為一個人在還沒被僱用之前，公司可能會先向認識你的人打聽。有時是否受僱用，還在於這些朋友怎樣評價你呢！

縱使你想創辦獨立的事業，自己當老闆，還是免不了要和他人建立友誼關係。如果想自己做生意，也得交些朋友來當你忠實的顧客。無論何種買賣，都有賴於你是否給人良好的印象，讓人愛買你的產品。

擅用推銷術

人與人之間的關係，多半包含推銷術在內。要交朋友先得把自己當作可被愛慕的人和有價值的朋友「推銷」給別人，在學校要順利成功，也得把自己推銷給師長，讓師長相信你對功課特別用功，成績優異。想得到一份好的工作，你先得推銷自己給老闆，使他相信你的人品好，經驗豐富，對工作能勝任愉快。乃至你日後向意中人求婚，她答應與否，也賴於你能否把自己推銷給她，使她深信你具有良好的品格，保證她日後生活幸福，是適合她的人。

我認識兩位兄弟，他們都是孤兒，想要當醫生是他們在年輕時所立的志願。他們雖然沒有經濟能力，但他們天賦聰穎、才華豐富，比銀行的存款更有價值。他們很勤奮、態度和氣，受人喜歡和信任。

兩兄弟商量一件事，輪流工作和讀書；哥哥今年讀書，弟弟今年工作；明年輪到弟弟讀書，哥哥工作。這個計畫進行得很圓滿，他們就這樣讀完了中學及大學的頭兩年，到讀大學的後半段和進醫學院時，他們覺得彼此都應該留校讀書，不可間斷。在此亟需財力支持的情況下，他們和善品性的資產發揮了無限的價值。由於他們向來待人接物非常美滿成功，許多人都樂意出力，借給他們充足的學費，夠他們讀完醫學的課程。

如果這兩兄弟平時沒有人緣，冷淡寡情，我敢說他們一定無法得到讀完醫科的機會。

動機正當，並且尊重長者

你現在是少年人了，如果你以正當的動機和方法去交朋友，將

來必得豐富的報酬。縱使你和年長者相處，也會處處得他們的好感。年長者喜歡和年輕人接近，喜歡年輕人的活潑和熱情，看他們是「小兄弟」、「晚輩」。如果少年人有良好的交友，得人歡心，並表現出是有為的青年，年長者必定盡其所能，樂於相助。

通常少男比起年長者樂觀許多，年長者喜歡欣賞的就是這種精神。如果少男對前途充滿自信，加上精力及勇氣，年長者一定會盡力助他一臂之力。可是在你還沒和老年人結交之前，應當注意有些事情是年長者不易忽視的。如果你不善於應付這些事，就不免給他們留下成見，反而事事與你為難。這些事情猶如芒刺在背，是你應當知道及防避。

對年長者要客氣和順

第一，年長者不喜歡「無所不知」的態度。他們年事既長，經驗豐富，料事如神，很有把握。雖然他們也許思路遲慢，不如少年人敏捷，但無論如何，他們是不願聽孺子之教，更不願你不尊重他們的意見，使他們覺得受辱。

寫到這裡，我想起自己年少時的生活。我有過少年人的經驗，所以我不責怪人。我知道你會沉不住氣，見到年長者的想法有點笨鈍時便忍耐不住。我現在雖然很同情你，明白你的心境，但我已經經過了好多個生日，已一把年紀，所以也被列入年長之輩。從這個立場來說，我也很同情年長者，明白他們為何不願孺子來矯正他們。

因此我認為，你最好對年長者客氣、和順一點，縱使是有時你

十分清楚錯在他們。你若能對年長者客氣、忍耐一點，會得益更大過於你表現學問見識所得到的。年長者也許有朝一日會給你很大的援助，從長遠來看，你最好還是保守些，不要逞一時之氣，自誤前程。

我現在或許已是個年長者，但你可看出我說的話還是袒護、同情少年人。雖然這樣，我希望你能注意，少年人常因過於自信，以致深陷窘境無法自拔。如果明白自己有陷入這種極端情形的可能時，最好要防避，以免發生這種不愉快的經驗。

不可堅持己見

不久前，我在市郊一個加油站探詢怎樣到市內的某個地方。我向加油站老闆詢問時，旁邊站著一個少年人插進我們的談話，他侃侃道出怎樣到達那個地方，與老闆的意見大不相同，他卻非常大膽的說得頭頭是道，擔保我照他的路線，必可到達那地方。

我照著少年的提議而行，走了老半天，差不多把該市都走了一半，還是找不到那個地方，原來他把路線說錯了！當然，人非聖賢，孰能無過！我不能因此一錯就斷定那少年的終身；可是我總免不了有點氣餒，因為他是那麼的有自信，一筆抹煞老闆的意見，害我白跑了半天的冤枉路。

後來我又有機會到那個加油站換油。在等待時，我又特別觀察那個少年。他正坐在收音機旁邊，傾聽足球比賽的廣播。他不時把收音機裡的球賽情形向大家報告。當時我覺得很好笑，因為廣播的聲音很大，每個人都和他一樣聽得很清楚，他真是多此一舉！這可算是第他

二次給我的印象，他事事愛出風頭，以為自己比年長者聰明。

　　不久，我的車換好了油上路了，但我路上一直在想，這個少年為什麼會如此自傲自大。一旦他仍擁有此種特性，相信他是很難和別人好好相處的，因為人們對自以為聰明的人多半很討厭。有真本事人家會很快就看得出來，如果自吹自擂，會叫人看了不順眼。

　　這兩次在加油站，我沒有機會探詢那個少年的身世背景，但我猜他在學校的功課一定不好，到少年時，自然渴望人們的認同。這是一般正常少年所共有的現象，不足為怪。然而，這個少年雖然想要人們的認同，卻毫無成就或長處足以自豪，因此只好裝出這種「無所不通」的樣子，做為補救面子之道。其實，他所騙的不是別人，是他自己罷了。然而，在他的想法，只要能叫年長者停下來聽他說話，他總算如願以償了。這可憐的孩子真是不幸，他並不知道這樣讓人認同，是何等的令人討厭。

不可只顧自己，不顧他人

　　還有一件事也會使少年人失去年長者的歡心，那就是有些少年人抱著一種「只知有己，不顧他人」的態度。他們缺少體諒別人的心，因為缺乏想法的關係。少年人當然是以自己的興趣為前提，腦筋一動，總是先想起自己的這些事。然而，如果想在人生上成功，必須訓練自己也要關心別人的福利。

　　某次，我去拜望一位老同學，他是數學教授。以前在校讀書時，我們有過很多共同的興趣，現在闊別多年，相聚正是秉燭敘舊，暢敘離情及重溫昔日學校生活的時機。

我的老同學有一個孩子，正值少年期，他不懂得體貼父母長上和別人，事事只知自己，所說的話句句脫不了「我」字。他很聰明，對航空知識知道很多，滔滔不絕，說出許多有聲有色的事情。

　　吃過晚飯，我們坐在客廳談話，這孩子很快就搶過話題，主導大家的談話，使他的爸爸和我失去了話舊的良機。我們為顧全禮貌，就讓他痛快高談航空的話題。我承認他說的很有趣，但我多少聽累了，我相信他的爸爸也覺得不好意思。到了握手道別時，大家頗感惆悵，因為整個晚上都在聽那孩子的航空演講，讓我們失去暢敘的機會。

開玩笑不可太過分

　　還有一件也是常使少年人和年長的人起摩擦的事，那就是少年人喜歡開玩笑。年長的人並非不懂得開玩笑是一件樂事，因為他們的人生經驗較豐富，知道過分開玩笑可能產生不好的後果。少年人就不同了，不管三七二十一，當下開心再說。我們不能怪年長的人認真顧慮這種事，因為上了年紀，經歷過許多事情，知道許多玩笑開得過分常有不良的後果，因此態度自然不得不保守起來。

　　關於開玩笑可能發生不愉快後果，我們從日常的經驗已屢見不鮮，但我在這裡特別關心的是少年人如果養成了這種態度，在他和人相處及交友上，一定會有不良的影響，對他十分不利。

　　記得，某次有位年輕人想申請一個好職位，大家開會討論這位年輕人的品性。開會時，許多認識這位年輕人的人你一言我一語的報告，總結起來都對他不利。大家的意見都說這位年輕人愛開玩

笑，不知約束。有人說他曾經半夜三更在宿舍的通道點燃如雷聲的大火炮，有人說他會用化學實驗室的材料來驚嚇同學。結果，這位年輕人因為這些不利的報告，沒有得到這份好差事。

　　我提起這件事，是要幫助你注意自己的言行，以便和年長的人相處融洽。一旦你明白他們為何會有那種反應，你就會更諒解他們了。年長的人除了人生閱歷較豐富，老成持重外，他們和少年人並沒有多大的分別。少年人與年長者若能彼此了解，會是忘年之交。

與人談話要給對方留機會

　　我想提一件事，應該可以幫助你讓人對你有好印象，那就是談話的藝術。談話不但可交換彼此的心意，同時也得以鑑別對方的性格。談話是人生活動的一個重要部分。想得到人們的好感，就要留心自己的說話態度。

　　有一次，我在理髮店看到理髮師正忙著對一個顧客一面剪髮一面說話。理髮師「嘩啦嘩啦」說個不停，述說他最近的經歷。我特別注意他們兩人的臉部表情。一直說話的理髮師容光煥發，越說越有精神，椅子上的顧客則顯得有點討厭和很不耐煩的樣子。

　　我一邊注意他們一邊想：「這個喋喋不休的理髮師，真是太超過了！」不錯，每個人都愛說話，尤其喜歡說自己的經歷，然而不幸的是，在許多談話的場合，經常是一方高談闊論自己感興趣的事物，對方卻感覺像是被疲勞轟炸，絲毫不感興趣，口裡雖然唯唯諾諾，卻心想找個機會展開反攻。

學會傾聽的重要

也許你從來沒想到談話中的這種局面吧！今後注意觀察，就可看出這種人性的表現了。關於這件事，有一項重大的原則我們應當應用。每逢與人談話時，切記應給別人機會發表他所感興趣的事物，才能給人極大的快感。當然，你喜歡抓到機會暢說你感興趣的事物，但我們應當想到，談話是交友的好機會，這個機會極重要，比你發表興趣的快感更重要！因此，你應當機警的善用這個良機，勒住自己的舌頭，傾聽別人談話，正是交友的祕訣。學會這套功夫，會使這場談話對你有利。能讓別人多說點話，他不會忘記這場談話非常愉快。他記得這場愉快的談話，自然也就不會忘記你，並由此想到你給他的好印象，而樂於和你結交。

談話想要給人好印象，原則很簡單，只要你肯付出，犧牲自己發表心意的機會，讓別人有機會說個痛快，他一定會覺得你十分可人，進而喜歡你。

這個策略雖甚平易，但在實行時應有點藝術。你不能坐在那裡像啞吧一樣，以為光聽他發表意見，就可使他得到好印象。如果你不表示自己對他們所說的事物感到興趣，毫無表情反應，反而會十分尷尬，使對方難堪。

也許你會說：「假使我對他所說的真的不感興趣，怎麼辦？」我的回答是，如果你肯用點時間訓練自己，就可使自己對各種談話都會感興趣。只要你在他談話時，說一兩句問題，表示一點意見，略示欣賞他的談話，就足以表明你感到興趣了。

我記得自己怎樣和一個牧童發展友誼的經過。那個牧童馳騁奔

放的故事，有趣極了，聽他述說勝過閱讀一本書。我們幾次談話後，牧童提到一個很有意義的意見，他說：「你知道我有過很多經驗，關於牛羊的生活也懂很多。可是很多人不大注意我所說的話，所以我學會了閉口不言。現在你既然與眾不同，我也就樂得與你談談。」這個朋友的反應正像許多人一樣；因為我肯傾聽他的話，他便樂得與我談話和交友。

你學會變成一個好的聽眾，不但會給人美好的印象，而且不久後，因為你學會了留心觀察人們的談話態度，會使你對人們產生新的興趣。此外，你從留心聽人述說經驗與意見中，也學會了許多事物，增加了許多學問。你自己的興趣既廣且博，就可使你的人生美滿，在社會生活上充當活躍的角色。

總而言之，交友並非難事，反而是人生一大樂事，所謂「樂莫樂兮新相知」。尤其是少年人的生活，交友最重要。如果交到好朋友，可時時有許多便利。

關於交友，本章只提到幾個簡單原則，而且全在通達人性而定。提起人性，倒真是最令人迷惘的東西！

你選擇朋友的條件是什麼？

什麼樣的朋友算是「益友」？怎樣的朋友算是「損友」？

你容易受到朋友們的影響嗎？

12 朋友的影響

for Teenage Boys

擇友是人生中很重要的一件事，尤其是在少年時期所結交的朋友更要謹慎。

童年時，朋友很多，這些朋友大多是隨意交往，沒有加以選擇，因為他們和你是同學、同教會或鄰居而彼此認識。現在你快成人了，對朋友覺得更有意義，從此要運用自己的權利，揀選中意的人當朋友，這種揀選必須是聰明的，才可使你得到益友。

進入少年時期，你已學會重看朋友的意見。你的想法及嗜好多半和他們有關。你愛穿什麼衣服，也要看他們穿什麼衣服而定；你對師長的態度，大半和朋友的態度相同；你的朋友喜歡什麼娛樂，你也會喜歡。你尊重朋友的意見和態度，勝過尊重家人的意見和態度。你受朋友影響之大，就像墨子所說的「染於蒼則蒼，染於黃則黃」。

你想得到朋友的好感，乃人之常情。他們待你好，你就覺得安全，但有時為了某種理由，朋友批評你，你就覺得意氣消沉。他們取笑你的衣服，叫你癟三，或譏笑你的工作，你會認真設法改造一番，使自己能迎合朋友的讚賞。

你現在已進入少年時期，你對朋友意見的重視是正常的過程，學習如何應付別人，表示自己已有與人相處的能力。你能得到家人以外的朋友的好感，正是表明你對一般人緣做得不錯。

少年人自然喜歡交際交朋友，這是個性發展的必要條件。這種喜歡交朋友的天然願望，正是你日後成家立業的基礎。你在交友交際方面的興趣日增，你與同輩交遊的範圍也就擴大。交遊既廣，就

可幫助你解決自己心儀信服的是那些人。你越多認識人的本性，更能幫助你聰明的選擇終身伴侶。

童年時你對各種朋友一視同仁，不分彼此，到了少年時，你會選擇喜歡的人，找到一兩個特別喜歡的心腹之交，知心朋友。

知心的朋友必須在許多事上有同感，可以一起暢談心事，祕密交換意見，互相討論不懂的事，談論不想與其他人談論的話題。一遇到難處，便找知心的朋友談談，彼此研究出一個好辦法來解決。有了麻煩，知心的朋友便會來救他。他們形影不離，好像同一球隊的隊友一樣。

交友要廣闊

如果你聰明，不應讓你的友誼只發展到僅限於知心朋友，以致可能成為他的應聲蟲，而感覺別人格格不入。你如果能有一個知心的朋友，對他完全忠心盡意是很好，但如果因此而剝奪了你和其他同輩朋友交遊的機會，就不太好了。你應當有較大的交誼圈，對你比較有益處。你學會了能和更多的人相處，就可以發展自己「拿得起，放得下」的涵養功夫，這在你日後為人處世上很有幫助，使你無論在何種環境下，都能平易近人。反之，你如果沒有和更多人產生友誼，勢必趨於孤陋寡聞，養成自私自利的個性，多想自己，少顧別人，結果一生於人無助，更談不上會對人類有所貢獻了。

如果你的交遊廣大，可使個性經受到良好的琢磨，削除許多粗糙的稜角。少年人非常坦白，觀察到了什麼怪事，就會提出來討論一番，這樣就有充分的機會予以改正。你如果在同輩朋友中，學會

涵養的功夫，就不會太敏感，勢必處處有人緣了。

　　到了少年階段的中期及後期，你會覺得自己不但喜歡結交同性的朋友，也喜歡結交異性的朋友。往後，你開始會對某一個女子特別留心，經常找機會去向她獻殷勤，引起她的注意。

　　你初期戀慕女朋友時，你會坦白的和知心朋友談論此事，甚至會和幾個很熟的朋友說。他們對此會表示贊成或反對，如果贊成，你會覺得安心，並進一步發展友誼；如果他們嘲笑你這是大膽行為，也許你會終止這場戀愛。一直過了幾個月，才選另一個女子做為專注的目標。你選擇對象時，當然也會重視摯友的意見而去進行。

　　男子到了二十歲左右，終於對某一個女子發生了特別的友誼，看她會比你的任何同性朋友都更有意義。如果必要，這時你甚至情願冒同性朋友的非議，毅然決然的和這位女子繼續往來，這種態度的轉變，表示你心中已有了效忠的對象，你已到了預備成家的時候。到底這位女子日後能否成為你的新娘，就有待以後的時間來決定。這個轉移效忠對象的事實，表明你已到了要專心效忠未來妻子的時候了。

　　前面討論這些友誼的過程與結果，現在再回頭來討論關於這些友誼的價值和意義。

建立忠心的友誼

　　應該注意到，建立成功的友誼主要在忠心。少年人都明白這種忠心是什麼意思。你已經學會重視朋友的意見，喜歡得到他們的贊

成，十分希望得到他們的好感。他們批評你，你一定會設法找出他們反對的理由，予以改良；反之，他們贊成你，你就覺得自己進行的路線是對的，而感到放心。

你應該記得買新東西後的經驗吧！不管是什麼東西，腳踏車、機車、一套新衣服都好，原則都是相同的。當你第一次把新東西給朋友看時，你會十分留意他們的反應。如果他們讚美了，你就很安心。你信賴他們的意見，使你覺得自己做了賢明的選擇；如果他們批評幾句，說顏色不佳，或反應不好，你多少會有點難過，從此把那東西束之高閣。

其它事也是這樣。你的朋友勤學好問，你也會用功讀書；你的朋友恭喜你得到好成績，你就會更努力，設法各門功課都得到好成績。你的朋友喜愛遊玩，不用心讀書，你也會跟著荒廢功課；他們見你得到好分數而挖苦你，說你是「書呆子」或「冬烘先生」，你就不再想得好分數，甚至今後想得較低的分數，藉以表示自己與他們在同一陣線。

這種追求朋友稱讚的心理，對你的人生極為重要，甚至能改變你對信仰的態度。你的朋友如果熱心宗教活動，你便會積極參加，並且會覺得無上樂趣；如果他們的信仰冷淡，你也會有漸漸退後之虞。

少年受朋友的影響，有時會比受父母的影響更甚。你的行為、態度、理想及品格發展，無不深受同輩朋友的影響，所謂「近朱者赤，近墨者黑」，可以說明慎重擇交的必要。

討朋友歡心不該委曲求全

少年人追求朋友的歡心是很正常的事。但因他們有時過於聽從

朋友的意見，以致父母覺得兒女開始叛逆。其實少年人並沒有反對父母理想或意願的存心，不過在父母的意見與朋友的意見互有出入時，他們可能順從朋友的意見勝過父母的意見，甚至放棄父母的重視，以迎合朋友的歡迎。這種犧牲很危險，很容易做到和良心謀妥協，或委屈良心而順從友意的地步。

也許你會問：「我該怎麼辦？我希望朋友歡心，也想做正當的事，發展正當的人品和性格。可是當朋友堅持我應當改變行動時，我更容易隨眾而行，不願受他們的批評。」

你這個「當怎樣行」的問題，答案和慎重擇友有關。在交友之初，你應當明白他們對你有長久的影響，會決定你品格的發展。在某方面來說，你交了了朋友，就是把自己的未來前途委託給他們。既然你這樣重視他們，他們的人生簡直變成了你的一部分，因此，慎重選擇朋友是極重要的事。你應當和品學兼優、人格高尚、興趣優雅的人交往。

結交志同道合的朋友

交友應能聲氣相投，志同道合，才可彼此契合。因此，交友之前，你當自問：「我喜歡自己變成他這種人嗎？」只有答案是肯定的，你所建立的友誼才是安全妥當。

如果你再問：「我周圍的朋友都不符合父母的理想。他們看我的父母是老古董，因為我不能完全照父母歡喜的去做，所以他們也看我是一個怪人。請問，我在這種環境下如何找到理想的朋友？」

你的處境如果是這樣，問題就很難了，然而也不是沒有辦法。

聖賢說：「*毋友不如己者。*」意思是說不要和品學標準比你低的人相交，以免影響你的品學如水就下。不錯，你需要同輩朋友，如果周圍都沒有合乎你理想的好朋友，你不如到一間學風優良的寄宿學校去讀書，也許在那些環境中可以找到志同道合的好朋友。

避免與信仰不同的人結交

在決定宗教信仰時，交友的關係更大了。若和信仰不同的人做了親密朋友，會使你終至改變信仰標準，以迎合朋友的信仰。你在這事上應當特別小心，千萬避免與信仰不同或敗壞你信仰的人產生友誼。

在寄宿學校中，同學雖然和你的信仰相同，但多數人的信仰觀念未必像你那麼崇高，所以在選友上還得十分小心，不可隨便相交。

謹慎交友，並非趨炎附勢。善於擇交，不但眼前得到益友之樂，也為前途奠下好名譽。年輕人的名譽是和朋友的名譽分不開的。人們抱著「觀友知人」的態度，根據你朋友的品格來評定你的標準。你如果和品格可疑的人交往，人家會說你同流合汙，一丘之貉。反之，你如果和品學優良、標準高尚的人相交，人們對你當然也會刮目相看，處處尊重你。

在少年時期，你喜歡和同性做朋友。稍長，你會找機會和女子相識。如果這些女子是潔身自愛、注重名譽的人，一定會預先確實查明你也是一個品格高尚的人，然後才肯接受你的友情。她們對你的人品判斷是根據你所交往的朋友的人品而定，你後期所交到的朋

友也是在你早期所交到的朋友而定。你早年相交的朋友，決定了你將來所能吸引的朋友是什麼樣的人。

　　你將來的朋友，大半是從少年時期的遊伴中選出來的，所以你現在要交的朋友便不能不予以慎重考慮。也許你會問：「我怎能預知適合與誰深交呢？」你如果住在家中，可做一個試驗，這試驗會幫助你解答這個疑問。我想你的理想大半是和父母的理想相同，最好邀請你有疑問的朋友到家中。若是朋友覺得在你家很自然、滿意，也很受你家人的歡迎招待，這種人可以繼續交往。但如果你的朋友不願拜望你的家庭，怕見你的家人，在談話時還露出批評你父母或家人的意見，那麼他的理想可能比你的標準更低。

　　如果你寄宿在學校，當然前面的辦法是行不通的。記得我年輕時，對選友的事猶疑不定，不敢向人請教。我相信多半少年人也是一樣，總覺得不好意思問別人：「你覺得阿甘怎麼樣？」或是「你想珍娜是個什麼樣的女孩？」

　　你怎樣知道其他年輕人的品格如何呢？這多半靠你由別人間接或偶爾的談話中得來。很少有人會直接回答你的問題，因此，如果你肯細心觀察，審慎從事，就不難從旁得到資料，足以幫助你做出賢明的決定。不過，有時你也許會對一些似乎特別重大的友誼，無法解決，我勸你最好不要只顧怕羞的天性，要大膽向一兩位你所信任的人請教。這人可能是教會的牧師、年輕人的指導或是教師。既選定顧問後，就當將難題坦白相告。他既配當顧問，自必向你說明其意見的理由，而不是指點你應當怎樣決斷。

　　如果你有一輛新機車或汽車，你一定會很小心，不讓人借來借

去，尤其是對一個不相識的人，你更不放心。假如一個和你年齡相仿的陌生人，向你借車使用一下午，他應當要好好照料那輛車子，如果有任何損害，一定要予以賠償。他的話無論如何都很動聽，我相信你在查明他的過去和名譽之前，一定不肯借給他。在這種情形下，你會毫不猶疑的查問認識他的朋友，先明白他是一個怎樣的人，誠實不誠實、可靠不可靠。在還沒從他的熟人得到滿意的保證之前，你一定不會答應他的。

至於選擇朋友，是一件寶貴的財產，比新車的價值更高貴，因為朋友是和你的人格、品性大有關係的人。生命只有一次，不能重來，你所選擇朋友的好壞，將決定你的前途是否快樂、成功。如果不慎交遊，日後必後悔無窮。既是這樣，你對這件重大的事又何必猶豫、羞於向人請教呢？

也許我已給你一個印象，使你知道朋友在你身上的影響何等重要。我的目的就是要你在選擇朋友的事上，特別小心。

現在，我要特別請你注意一件事，就是你自己對朋友也有很大的責任，他們也可以從你身上得到重大的影響。結交朋友雖屬樂事，但責任也很大。你如果能鼓勵他們上進及成功，他們也會使你覺得喜樂滿意。你不可單單期望從他們身上得到益處，要他們來幫助你；你也當負起朋友的責任，時時幫助他們，使他們得到滿足與喜樂才是。

你如何善加運用想像力?

你生活中的快樂通常來自「實際生活」呢?還是來自「作白日夢」?

13 想像力

for Teenage Boys

在所有字彙中，最有趣味的兩個字就是「假如」。在人的精神活動方面，這兩個字好像是一扇大門，通達到那令人迷醉的幻想之境。而你每次所做的幻想，都是由這個「假如」開始。有了這個開始，你的思想就會遠走高飛，到驚心刺激的地方或到安祥寧靜的所在，都可以由你選擇。

想像豐富的少年時期

少年時期是想像力豐富的階段。在這幾年中，腦子是活躍的。在這段生活裡，可以說是以「探索」為主。你到郊外、林中、溪邊、山上，以從事探索為樂。也喜歡探索機械的構造，一有機會就拆散鐘錶、腳踏車、汽車等，觀察究竟。此外，你也歡喜探索自己的體力程度，以精壯的肌肉、精熟的球藝而自豪。

少年人喜歡在精神活動方面多方探索，尤其喜歡以想像力為探索的工具，常做魂遊天外的幻夢。我們要研究這種神祕的想像力之前，不妨約略試用一下我們的想像力，藉以明白想像力究竟是什麼。好了，我們怎樣開始呢？當然只有借重「假如」兩個字來著手囉！

假如你來我家做客一個小時，這時我正要駕駛飛機上天雲遊，於是我邀請你同遊。假如我們一起坐上汽車，一直開到機場，機場雖小，但這天天清氣朗，機場也很熱鬧。許多汽車停在停車場上，許多飛機起起落落。我們把車停放妥當，趕快跑到機場辦事處租一架雙人座飛機。辦事員說，那架飛機已被別人租去了，再過幾分鐘

就回來，如果要，可以向他登記，租用半個鐘頭。

　　我們登記好後，便在跑道邊沿等那架飛機。不久，那架飛機來了，空繞了一大圈，向跑道預備降落。正當著地時，雙翼稍為震動，你我都猜到駕駛的技術非上乘。飛機降落太快，機體稍向一旁傾斜，當雙輪著地時，又因太快使得機體震盪不定，不久，終於平順停止下來。駕駛員隨後把飛機開到我們等候的地方，關上機器，跳下飛機，滿面笑容的對我們稱讚這架飛機有多好。這叫你我十分高興，對這架飛機大有好感。

　　正當我們急著要登上飛機時，修理飛機的機械師過來叫我們暫等一下，以便他檢查機件是否有毛病。他檢查油箱，仔細觀察一番，斷定適合飛行後，便招呼我們過去接手。

　　我們很快坐上位子，繫好安全帶。飛機有兩副駕駛設備，升空後我可以給你指導駕駛技術，然後讓你也可以自己試行駕駛，這種經驗包準讓你樂不可支呢！

　　我們坐好後，試一試機件，覺得一切得心應手，滿意之餘，開始啟動引擎。這架飛機剛飛行回來，所以不費吹灰之力把引擎發動了。我們先開到跑道上，等待瞭望臺上的起飛訊號。我們最後再試一試引擎的性能，等見到瞭望臺上的訊號，便放鬆制動機，飛機立即向前衝出。飛機的加油器很靈，輪下陸地向後退得很快，隨即感覺機輪不再在地上震盪，我們已離開了跑道，真的凌空而起了。

　　飛機向上升得很快，地面好像從上跌了下去一樣。等飛機升到足夠的高度，我把飛機略飛向左，經過某一地區的上空，因為你先前告訴我，希望從空中一看該區的風光。我們找到了正確的地界，

便把機翼略為傾斜，讓你把所感興趣的地方看個清楚。

在飛過你家的上空時，你甚至可以見到一兩個你認識的人，他們站在空地上看著我們飛過。

我讓你試行駕駛數分鐘，這該是你一生中夠刺激的經驗吧！你已經懂得駕駛技術，你把飛機開得很平穩，航行得很妥當。

我們預定租用的時間只有三十分鐘，這段時間真是過得太快了，剎那間已是應當降落的時候了。我們照著規矩把飛機平穩的著陸，開回原來出發的地點。我們下了飛機，走到櫃檯付清租金，從你臉上所泛出的得意笑容，可知這次飛行是很開心的事。回到車中，你對我說這是你一生中第一次上飛機。我們開車回家，覺得這次彼此都有了很快樂的經驗。

我們剛才已做了一次想像力飛行，現在討論一下想像中的各種因素。

也許你以前有過坐飛機的經驗，可是我呢？我是從來沒有上過飛機，當然更談不上駕駛飛機的本事了！這不是因為我不喜歡航空，事實上，只是沒有這種機會罷了！然而這個小故事既是以「假如」為開頭，所以我便能操縱自己的想像力，在這方面隨心所願的異想天開。至於你，也能夠運用你的想像力，配合我剛才所說的想像飛行。你也許以為我是一個飛機師，我所說的故事是由經驗而來的。可是現在，我承認了自己從來沒有上過飛機，你便覺得我所說的一切只是由幻想而來的虛談而已。

你有否注意到我沒有提起飛機的顏色？但我猜想，在你的腦中也許想像那飛機是黃色、或青色、或紅色。還有，我也沒有告訴你

我們是並坐一起或是一前一後的坐著，但你或許照著自己的想法想像我們怎樣坐。我也沒有說明機場跑道是南北向或東西向，但同樣你的腦子也會想像到這一點。由此可知，當我正在運用我的想像力敘述假想的飛行經驗時，你的腦子也活躍的運用想像力，假想一些我沒有談論到的枝節，來配合整個故事。

到底是怎麼一回事？我們的腦子怎麼會提供這些想像的材料呢？我們的腦子是否有另外一部門專為想像所用？沒有，因為想像乃是我們日常思想的一部分。你也許要問：「為什麼傾聽你講述飛行經驗時，我彷彿看見飛機的顏色和樣式，也聽見引擎，以及降落時機輪著地的摩擦聲？」原來想像中的材料乃是我們過去的片斷經驗。因為我沒有坐過飛機，所以不能很詳細的講述乘坐飛機的經驗，但是我曾經讀過許多關於飛行的事，且和搭乘過飛機的人談論過搭飛機的經驗，也曾在機場迎接過朋友，或送朋友時看過飛機起降，所以我可以天馬行空的編造一篇空遊的故事。同時你所運用的想像材料也許決定於你過去所得的印象。你想像的飛機的顏色，可能是你最近看過的一架飛機的顏色。你想像的機場跑道的方向，可能與你記憶中的機場有關。至於這許多不相連的經驗而能連成一個連貫的故事，那便是我們腦子奇妙的想像力的傑作。

想像是一件非常痛快又方便的事，它能聽從你的意思，能夠滿足你的欲望。在想像中你可以是一個富翁、一位眾女追求的美男子、一個大家欽佩的偉人、一個威風凜凜的將軍、一個眾人擁戴的領袖……沒有一個人在想像中會碰過釘子的，也沒有人在想像中要到不如意的情境中去受罪。總之，想像中的事情都是盡善盡美的。

善加運用想像力

　　想像在我們的精神活動中占有十分重要的位置，其得當與否能夠影響人的一生。不管年齡大小，每個人多少都會運用想像力。有些工作需要多一點的想像，有些則少一點。例如：發明家需要活潑的想像力，他必定要想到一些還沒有存在的東西；如果不是這樣，他怎麼會發明新東西呢？建築師還未畫出屋子的藍本之前，他的腦子必先有清晰的圖案了。如果建築師沒有豐富的想像力，他是不會有獨特的成績，設計出新穎的建築物，他所能夠做的只是依樣畫葫蘆罷了！

　　畫家尤其要依靠活潑的想像力，在他還沒有在畫布塗上第一筆時，他的腦子必須先構好圖案。我們看到畫家畫出一幅絕妙圖畫而拍案叫絕時，畫家自己一點也不驚奇，因為在想像中他早已看見那幅畫了，他只是用一枝筆和一些色彩把他想像中的圖畫記錄下來罷了！

　　我有兩個畫家朋友，他們的畫技都可稱為上乘，其中一人的想像力恰如常人，另一人的想像力則很強。由於想像力的差異，雖然他們的畫技不相上下，想像力強的畫家常能畫出出色的作品。至於想像力較差的畫家差不多只是臨摹別人的作品，因為凡是他沒有見過的東西，他是畫不出來的。要做一個優秀的畫家，不但要有描摹的技巧，更要有豐富的想像力。

利用想像力選擇職業

　　想像力還有一個重要的用處，和選擇終身職業有關。譬如：你

現在要考慮選擇終身職業，卻無法下決定，因你想做會計師，也想做數學老師，於是你站在十字路口猶疑不決，不知何去何從。「我應該怎樣才能有聰明的抉擇？」這個問題日夜縈繞著你，這時最聰明的辦法就是運用你的想像力。

首先，你得先蒐集有關會計和教書的資料。如職前訓練要多久、就業後的責任、每個月的收入、升遷的機會等。最好你至少要認識一位會計師和一位數學老師，並從友誼中得到許多周密、寶貴的資料。

既已蒐集到了資料，你現在便可運用想像力來解決這樁大事。「假如我是一位會計師……」只要有這一個開頭，你所蒐集的資料便能幫你預先看到自己坐在辦公室的情形，最後你問自己：「我覺得這個工作怎麼樣？」

同樣的，你也來個「假如我當了數學老師」為出發點，在你的腦海中，看見一班學生聽你講解；有的學生合作，有的學生頑皮；有些人對數學很感興趣，有些人則漠不關心。你也想到一些棘手的問題，有些學生向你討分數、有些不滿意的家長批評你的教法不好，或管教他的兒女不當。

當然，在你想像的時候，你應想到不利的方面，也要想到有利的方面。你應當注意到在訓練工作上所獲得的精神報酬。你也不妨假定在許多年後，你的學生成了有地位的人，有學生向你表示敬意；你甚至可以想像有些學生不但在數學上得到你的幫助，並且在行為方面也受到你良好品格的影響。經過這番的想像後，你也照樣的問自己：「我覺得數學老師的生活怎麼樣？」

經過上述兩方面的權衡後，你所做的抉擇幾乎十分可靠了。如果我們經常應用想像力來判斷重大的問題，將少犯錯誤。許多次，假如我們能夠花一些時間運用想像力，便會避免許多不必要的錯誤和懊悔，不至於阻擾我們品格的發展，危害我們永久的福利。

但是想像正如其他事情一樣，有好的方面，也有不好的方面。我們必須避免陷於極端的危險。如果處置適當，想像可多方幫助培養我們良好的性格；反之，過度放鬆的想像，猶如脫韁野馬，必定闖禍。

學習控制自己的想像力

當你閱讀本文時，或許你已注意到，我們可以控制自己的想像，使適合我們所中意的題目。等到你以「假如」開始後，想像簡直漫無止境。想像確實是一件很快意的事，有時想像中的境況簡直美極了，以致你依依不捨不忍拋棄。這時你的想像已變成了夢想和幻想，於是想像不但不能積極幫助你，反而引你走到想入非非的境況中，於是你養成了做「白日夢」的不良習慣。

對一般少年人來說，生活是快樂誘人的，前途似乎無限光明，許多機會擺在前面，他覺得要做哪一種人都可以。由於對生活的好奇心和活躍的腦子，少年人自然而然會利用想像力大建空中樓閣，大做白日美夢。其實，適量的理想對他是無可厚非，甚至使他對前途計畫有所領會，可以助他向上發展。

但壞的是少年人花太多的時間做白日夢。儘管理想多麼美麗，可是現實是無情的，人生中不能避免挫折和失敗等不如意的事。少

年時的生活也不例外，也許在功課上、交友上、經濟上有困難。一遇到這情況時，健全的解決方法就是找出困難的原因後應付之，可是大多數少年人卻避重就輕的採取另一途徑——「假如事情是這樣……」當然，在想像中，事事如意，你可以想像自己名列前茅，深得同學愛戴、師長稱讚，口袋中常有充足的零用錢可以花用等。

你或許會問：「像這樣做一做白日夢，難道有什麼害處嗎？」偶爾做一做白日夢，並不是什麼錯事。但當你開始不願面對現實而沉溺於白日夢的時候，就是困難臨到的開始。當你特別喜歡做白日夢，每日抽出一部分時間來建造空中樓閣，你對現實的生活便失了興趣。你可能以白日夢來代替實際行動。一個人如果到這種地步，從夢中得到快樂，過於從改善自己所得的快樂，他會失去進取的心、失去求進步的意志。他開始向自己說：「我既然可以坐在安樂椅上獲得這樣輕便的滿足，何必努力追求進步呢？」

少年人若有了做白日夢的習慣，應怎樣矯正呢？主要的辦法不在於下決心不做白日夢，而在於更改自己的生活節目，忙碌做實際的工作，使自己沒有時間去建立空中樓閣。少年人若有一種傾向，想要花用太多時間做白日夢時，便應當設法與人交往做朋友，並強迫自己忙碌於實際的工作。藉著這種調整，便會開始從工作上獲得快樂勝過從夢想中所得的。最後要記得，從實際工作所得的快樂，比在夢想中所得暫時而不實際的快樂強得多了。

你每天花多少時間閱讀小說？

你覺得閱讀小說是否浪費了你許多寶貴的時光？

應如何避免閱讀不良書報雜誌？又該如何挑選優良的課外讀物？

14 沉迷在幻想中

for Teenage Boys

在前一章中，我們提到畫家應該有豐富的想像力，才能把自己的心意表達在畫布上。不但畫家如此，寫作的想像力也是非常重要。然有些作家過度運用想像力，使作品像是自己的白日夢一樣。在某方面而言，小說家只是一個白日夢者，用巧妙有趣的寫法，把自己的白日夢發表出來，抓住讀者的目光吧！

小說家把白日夢發表後可得到報酬，然其影響之深，對讀者無疑也正等於他們在做白日夢。白日夢不論是自己創作的，或是別人盤下的二手貨，都有使人離開現實的生活，想入非非的作用。有此重大原因，所以我們不贊成閱讀小說。

愛讀小說的人，往往會把自己投射於小說中的某個角色。有時會不知不覺自言自語：「這好像是我所經歷的一樣。」這樣就抓住了他的注意。其實，小說是出於作者的幻想，不能代表真實的生活，讀者若把自己認為是小說中的某一角色，對自己是毫無幫助的。

我認識一對夫婦，他們曾經去過非洲擔任教會傳道工作。妻子從小喜歡閱讀幻想小說，上癮很深，她覺得日常生活淡然無味，只有看小說才是人生最大的樂事。

我想教會顯然不大認識這位婦人，否則絕不會差派這對夫婦去遠方。這位妻子對國外生活的種種難題並不關心，對做為傳道人妻子的責任不明白。她所關心的是看小說，習慣在小說家虛構的幻想中過生活，比對非洲當地人民的生活福利更關心。

在她動身遠行之前，也許你以為她會留心研究此去如何幫助當

地的人民。但你猜錯了，她忙碌的竟是尋找及選擇許多幻想小說類的書籍。她希望帶許多書籍去，夠這幾年在國外佈道期間的閱讀，因此一個大行李箱中幾乎裝滿了書。

這對夫婦到達了目的地後，丈夫忙著傳道，妻子醉心於閱讀勝過實際的生活。她把自己埋在書堆裡，很少出來與人見面，對當地教會的同事也不大來往、認識，她本來應該留心服務的當地人民就更不必說了。

她雖然帶去了一大箱的書籍，可是閱讀速度出乎她的預料。不到兩年多的時間，就把由美國帶去的書都看完了。危機終於來到，她讀完了那些書，便覺得很無聊，對傳道人妻子的職分更覺味如嚼蠟。她以前沒有預備自己要去面對現實生活，她向來所獲得的滿足就是閱讀許多小說。

我想你差不多會猜到這件事的後果了吧！這位傳道人的妻子在讀完帶去的書後不到幾個禮拜，已覺度日如年，非常不快樂，最後教會把他們夫婦送回美國。這位妻子不能善用機會獻身服務人群，主要是因她養成了沉迷小說的習慣，遠離現實的生活，在小說家所虛構的幻境中流連所致。

過度閱讀小說，易虛擲光陰

關於閱讀幻想文學書籍還有一件值得重大的考量，就是要花費許多寶貴的時間。閱讀小說所虛擲的光陰，本來可以做各種有利的用途，如研究、工作、從事運用筋肉增進健康的遊戲等。愛讀小說的人，往往以消遣為唯一的藉口；然而消遣到如此沉迷的地步，礙

及人生正道，那就是一件嚴重的有害無利的事了。

　　人生短暫，等你過了少年時期就會更明瞭這句話的意義。你現在看人生好像是沒有盡頭一樣，因為你的興趣及雄心還是指向著將來。你的人生幾件大事還沒有到來，等到一過少年時期，你就會開始覺得時光一去不再來。將來的福樂繫於你將如何服務人群而定。這種服務的本事，更有賴於你少年時期所受的良好訓練。由此可見，你的少年時期就是你一生最寶貴的時期。如果不善於運用這幾個年頭，準備未來的生活，損失是永遠無法追補的。言及於此，少年人如果養成了愛讀小說的習慣，容易浪費許多寶貴的時間去閱讀作者無聊的白日夢，那是多麼可笑又可惜的事！我們應該面對現實的人生，學習利用各種機會去進德修業，切不可虛擲一去無可挽回的光陰於無補人生的消遣才是！

幻想小說易阻礙個性發展

　　閱讀幻想的書報，多半是在孤單獨處時，沉迷這類書報的人，對周圍的事物必感模糊渺茫。從發展個性方面來說，這是很不健全的，因為光陰在孤獨中消磨掉，剝奪了與人交遊、學習為人處世的機會。為人處世的經驗，是人生重大的學問。多和同輩朋友交換，可得益無窮，幫助你明白施受取捨之道。如果少年人坐在舒適的安樂椅中，埋頭於稗官野史內，怎能同時發展與人相交的技能呢？

　　幻想的文學多半富於刺激性，作者故意如此，藉以維持讀者的興趣，使讀者讀完全書。事實上，有些雜誌刊登的連載小說，目的就是要讀者入迷，不得不買下一期的雜誌，以便知道「故事的發展

如何」。在一篇興奮緊張之處，來個「且看下回分解」，勾起讀者希望知道結局的念頭。

這種刺激緊張的因素，在各種小說文學中都有，不只是報章雜誌上的長篇連載如此。少年人如果把自己比作故事中的某一角色，逐章逐回搶讀下去，想要知道究竟如何，這樣就自然而然會費掉他大量的神經精力。算起他每日每週每月所虛費的許多時間，可見他所浪費消耗的神經精力是何等的大。如果將這時間用在有益的事情上，這同量的精力便可使他在學問和事業上有驚人的成就。

進一步的說，在閱讀虛構故事時，那些趣味及刺激的成分使讀者行雲流水般的跟下去，用不著聚精會神，也不必自制自約。唯一需要的是在必須睡覺或必須應付約會時，才不得不罷手。因此，愛讀小說的人，他的注意力大受損失，很難集中意志。對稍微硬性點的實際文章讀不下去，縱使是很想試一試，也無法讀完。

我認識一位中學教師，他對學生說，如果學生愛閱讀小說故事之類的書報，休想在物理、化學及數學等科目上得到好分數。他會這樣說是因為他知道，人若要研究這些科目，必須聚精會神才讀得下去。少年人若養成愛看小說的習慣，容易失去集中精神閱讀的能力，除非是故事動人，使你不知不覺中的讀下去。

有人說：「開卷有益」。也有人說：「學問是由博覽群書而來的」。藉著閱讀，可以使人增廣知識，但這是指良好的書報及文學。它們大多是根據事實報導及提倡高尚標準的文字描繪。至於稗官野史、傳奇小說、言情小說、科幻小說等書籍，不宜沉迷，以免有害無益。文學及書報就像音樂、電影一樣，有好有壞，若非善於

鑑別，可能貽害無窮。

　　本章撰寫的目的是要警告少年人應當及早遠避幻想小說，免得終身受害。至於優良的、能增廣見聞的、提高理想及根據事實而寫的書報文學，則應鼓勵青少年閱讀，並養成閱讀優良課外讀物的習慣。

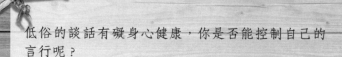

低俗的談話有礙身心健康，你是否能控制自己的
言行呢？

你敬重怎樣的人？你是誠實正直的人嗎？

15 你的態度

for Teenage Boys

記得，有一次我坐火車旅行，由芝加哥到加州。第二天晚上，經過新墨西哥州西部起伏不平的原野。那時天清氣朗，我從列車中眺望無邊的景色，當火車在曲折的路上蜿蜒前進時，可以看到最前面的火車頭，等到車身轉個大彎時，又可以看到最後一節的車廂。

在沿途大半可以看到前面遠處的信號燈，指示駕駛員前途是否暢通。一路上的綠燈，說明火車行在正道上。後來到了一個地方，火車漸漸慢了下來，我抬頭一看，原來在前面轉彎處信號燈是黃色的。車子再行一兩里後，另一個信號燈卻是紅色的。駕駛員忠實遵守鐵路的規章，在紅燈前把火車停了下來，等到綠燈出現時才繼續前進。

還有一次，我開車到幾里路的地方時，看到兩列火車相撞的慘事。其中一輛是貨車，一輛是客車。除了兩列火車頭碰得破壞不堪外，還有幾節車廂出軌，一節行李車廂裂成兩半，兩個人受傷，所幸無人喪命。

許多人查看那毀壞的車廂，不斷的有人問：「這到底是怎麼回事？」我在人群中碰巧見到了一個鐵路人員，向他問明出事的原因。他有點難為情的回答：「那客車的駕駛員見到紅燈，未能及時剎車，導致有此慘劇。」

一個成功的駕駛員最要緊的是遵行標誌，服從信號。他必須徹底訓練能夠迅速應付事變，一見到信號燈轉為黃色，立當減低速度，以便紅燈出現時，火車也隨之停下來。

在人生的道路上，你也應當像機警的火車駕駛員一樣，一遇到誘惑你說謊的試探，便應立即予以停止，正如駕駛員要停車等待危險過去為止。當你受試探要說謊時，即使是說些客氣的假話，也應當立即停止，慎重考慮自己的行動才是。

要成功當順從準則

人生就是這樣，想要成功，就得學會遵守某些準則。你必須克己自治才能順從這些準則，必須把這些準則融入到你的性格裡，成為你人生行動的指南，才不會自己遲疑辯駁說：「我應當說實話，還是要扯一個謊呢？」你既然以誠實無欺為人生主要準則，就要隨時隨地說實話，毫不猶疑，也不怕後果如何。想要你的人生成功快樂，就必須採納這幾條準則：誠實、心思潔淨、言語、愛及樂觀態度。

據說，傑克遜將軍（Stonewall Jackson，乃美國內戰時南方聯軍名將）曾在風雨之夜走了一里多路去找一個人，向他道歉，因為他在當天的談話中說錯了一句話。傑克遜將軍的朋友問他：「你何必為這麼一件無關重要的小事這麼麻煩不便呢？」傑克遜將軍說：「因為我發現自己說錯了話，我知道如果不把這件事情理清，我是睡不著覺的。」

傑克遜將軍知道絕對誠實的名譽對他具有何等的價值。他十分看重名譽，不願因為麻煩與不便而破壞自己良好的紀錄。我十分相信，他在那個風雨之夜去見的朋友，在無論何種環境下一定都會相信傑克遜將軍的誠實，絕不猶豫的信任他，聽了他的話就像是看到

他的簽字一樣，一諾千金，一言為定，因為他認識傑克遜將軍的人生準則是絕對信實。

工程師在計畫建築一座橋梁時，十分注意萬有引力的自然律。他必須計畫這座橋樑能抵得住地心引力，保證橋上來往行人車輛的安全。一樣的，在品格的建設上，也當注意許多堅強的勢力，若不予以抵抗，便會發生災禍，其中之一便是歪曲真理或欺詐不實。因此我們必須以誠實為人生堅定不移的指南針，才可以建立堅強的品格。

心口一致，成功在望

我們說話要誠實，行動上也應當誠實，才能使人生成功。

有一個故事提到：一位年輕人到銀行領取現金，他交了一張500美元的支票給銀行出納員，出納員核對了簽名後，把錢兌給他，但他收到了600元。

出納員不知道自己數錯了錢，這位年輕人拿著錢準備離開。當他走向門口時，心想：「我真是好運氣！這不是我的錯，我卻憑空多得了100美元。」並想到這100美元的意外之財，可做許多用處，他有很多東西要買。可是在他的腳剛要跨出門時，他的良心覺悟了。

這位年輕人一直以誠實為人生行動的準則，這時響應良心的感召，他立刻走回出納員的窗口，告訴他剛才多收了100美元，現將退回。出納員略有難為情，然而還是感謝收回了多付的100美元。

這位年輕人誠實無欺的行動，使他良心無愧，心地平安，這報

償已很足夠了。後來那家銀行的經理想找一位司機,曾對那位出納員說:「你能幫我介紹一位司機嗎?我要一個有禮貌、和氣待人,尤其是誠實可靠的人。」這位出納員立刻提起這個誠實退款的年輕人,並把事情原委告訴經理,這位年輕人終於獲得了一份好職業。

一位傳記作家曾提到在美洲合眾鋼業公司的前經理格里‧阿柏士(Elebrt Cary)的一段童年故事,說明他生平能享絕對誠實的美譽是怎樣培養出來的。

格里七、八歲時,他和父母居住在鄉下。除了務農外,爸爸也養馬群出售。某日,有一個馬販前來,說想要購買一匹小馬。爸爸便叫兄弟們把馬匹趕來給客人看。那馬販看中了其中一隻三歲的小馬,問:「這匹要賣多少錢?」爸爸回答:「好吧!我必須承認這匹小馬有骹骨病,如果你要買,我可以算你特別便宜的價錢。」

馬販推說沒有現金,願意把他騎來的馬和這匹小馬交換,最後雙方同意交換。

馬販走後不久,格里和他的兄弟們才發現換來的馬眼睛竟然是瞎的。格里跑去告訴爸爸:「爸爸,你剛才不應該告訴那個騙子說我們的小馬有骹骨病。」爸爸在回答中,提出一個正義理由,使格里十分感動,終身不忘。爸爸說:「格里,如果我不告訴他,我就變成不誠實的人了。那人雖然騙了我,但我的良心完全無愧。我很高興自己說了實話。」爸爸從來沒想到他這次保守信實的榜樣,使兒子一生得到奇大的成功!

凡事要公平正直

人生成功的另一準則是凡事公平正直,這與誠實很有關係,一

個人如果誠實無欺，他也會凡事公平正直。這條規律不但要你在行動上誠實，也要你在對別人的行動上誠實。你因為堅持這條公正的準則，所以在任何運動場上見到裁判的偏心，便會氣憤做不平之鳴。你如果真能實行公正的準則，就會嚴格指責裁判。裁判判斷不公，你更不會專顧自己所袒護的一方勝負，對就是對，不對就是不對。這只是一個小小的例子，可以試驗出你的人生是否奉行公正的規律。當對你或你的朋友有利時，你主張公正很容易；如果是你或你的朋友處於失利時，就很難說了。不過，真實學會公正的準則，良心就會叫你不得不主張正義，不管何方勝利都是一樣。

　　你對堅持公正準則的師長或年長的朋友，十分敬重。如果有一個老師向來公正管教同學，你就會信任他，並相信同學得到他的管教是公正的。事實上，如果你犯了過錯，也會很樂意接受公正的處罰。

　　一個成功的基督徒生活，不但主張自己應得公正的待遇，還得有責任幫助別人也得到公正的待遇。如果你的朋友不善於保障自己的福利，經常吃虧，你就有責任挺身而出，仗義執言，幫助他得到正義。只要你是站在正義立場，堅持公平，你的干涉當然是理直氣壯，無人怨你。一旦你有了堅持正義、愛打不平的美譽，你就會處於有利的地位，並在朋輩之間發揮力量。

心思潔淨言語無過

　　成功人生的準則還有一條，那就是心思潔淨，言語無過。也許你以前已注意到，有些年輕人喜歡說不正經的話，或侃侃而談色情

故事，並以此自豪。這種談話也和其他惡事一樣，足以引人邪念，說的人卻信口雌黃，以為熟識這些色情事便可提高身價。他們隨便談論女性的事，以及那些本屬聖潔的婚姻生活，這類汙穢的談話會有兩種不幸的影響：

第一，年輕人若加入汙穢的談話，便是自貶身分，為朋輩所不齒。說這等話的人，他的標準一定低劣，朋友聽到了都會吃驚的說：「我從來沒想到某人是這麼下流的人！」

第二，在於說話者本身。不潔的思想及邪淫的言語，會使年輕人自貶身分，失去自尊心，不圖上進，不望高尚的成就。不正經的思想及談話，乃是不正經行動的基礎，這是非常嚴重的情形。

《聖經》說：「他心怎樣思量，他為人就是怎樣。」年輕人如果一直放縱這種情欲的想法及色情的談話，將不能抗拒試探而陷入惡習，不能自拔。

年輕人若和這等標準低劣、談話低俗的友伴相交，便不能不聽這些下流的話。自己雖然是清白的旁聽者，久而久之，也不免會受到影響。

一個品格高尚的年輕人必盡力避免傾聽這類談話，即使有時無法不聽不願聽的話，仍可表示自己不愛聽那種話的正派態度，來制止當場的幾分情形。

某次，顧蘭德將軍率領同僚，行軍於維吉尼亞州，在一戶農家過夜。當大家圍爐閒談時，顧將軍獨坐一旁認真思考要事。大家暢懷聊天時，忽然有一個人說：「我有一個有趣的故事。」說完，抬頭向四處張望，說：「但我希望這裡沒有女士在場。」顧將軍聽到

了，站起來正色的說：「這裡也許沒有女士在場，卻有一位君子在場！」不用說，那個「有趣」的故事也就說不成了。

　　大多數的年輕人沒有顧將軍的勇氣，膽敢打斷朋友的話頭。但年輕人儘可不必開口說上一大篇道理，才能表示自己所厭惡的汙穢談話，大可正色不笑，從不加入這種談話。他所表示出來的態度，和顧蘭德將軍所表示的一樣有力。

毀譽之言一概避免

　　人生成功的準則還有一條就是避免說人壞話。不管是閒話還是聊天，或是新聞，只要是有損別人名譽的話，都應當避口不提。一句話傳來傳去，自必多有機會平添許多的錯誤。

　　發生在第一次世界大戰期間的故事，足以說明傳話可能生錯的意思。

　　戰爭期間，傳達消息的工具很缺乏，有時一道公事必須藉著在戰壕作戰的軍士，一個口傳給另一個。某次，一個軍官要把下列消息傳給後方的一位軍官，他說：「我們要上前，要恢復失土！」不料，這話傳到後方時已完全走了樣，變成了：「我們要賞錢，要恢復跳舞！」

　　可見，有時所聽到的閒話，也許只是道聽塗說的無稽之談。如果真是要緊的話，就應當設法一步一步追究話的來源，等到證實確有其事才可出口。

　　何時你覺得愛說別人的話，就當說那些讚美的好話，而不要說批評的刻薄話。你說好話，不會給人家批評；如果說不好的話，縱

使是好朋友，他也會生氣。這是人之常情，不足為怪。

　　養成留心觀察好事的美德，可使人樂觀愉快。年輕人應當凡事樂觀。你應當培養這種態度，視為品格資產。法國的思想家、作家蒙田（Montaigne）說：「世上最快樂的事，就是快樂的思想；偉大的人生藝術，就是盡量多有快樂的思想。」蘇格蘭詩人、小說家羅伯特・路易斯・史蒂文森（R.L.Stevenson）勸人說：「將你的憂懼存在自己的心中，把你的勇氣傳給別人。」

　　樂觀是會傳染的。別人見你精神百倍，含笑的應付人生難題，會學你的榜樣，人生也就更美滿了。世上令人灰心的事太多了，所幸人為萬物之靈，可以管理自己的態度。因此，我們為何不注意光明的一面呢？它會使你更好，也會使別人像你一樣。樂觀的精神會幫助你勝過難關。

　　最後，我想最好從《聖經》上一段使徒保羅的勸勉做為本章的結束。「弟兄們，我還有未盡的話：凡是真實的、可敬的、公義的、清潔的、可愛的、有美名的，若有什麼德行，若有什麼稱讚，這些事你們都要思念。」（腓立比書4：8）

你所說的話是否獲得父母的信任？

你在做一些重大的決定之前，會不會跟父母親商量？

你覺得父母管教你的動機何在？

16 你與父母的關係

for Teenage Boys

少年人往往會覺得自己是各種環境的犧牲者。他有些難題看來好像很大，有時會覺得自信能解決某些難題，但因受父母的約束，以致無法實行。

少年人的最大難題就是切實認識自己。如果對自己的感覺及反應有相當的了解，就會發覺有許多自以為難題的事是可以迎刃而解的。

本文的用意就是要幫助你認識自己，使你設法調整自己的生活，以致能有一個真正幸福的人生。在學會認識自己之後，其次最大的難題也許是設法認識你的父母。本文的宗旨乃是幫助你明白父母的看法和做法。

現在你已踏進了少年時期，你與父母之間也就有了新的關係，這些都要你做新的調整，也要父母對你做新的調整。童年時，你凡事倚靠父母，需要他們的照顧、保護及教導。在這個時期，你對外界幾乎完全無知，一切都要父母向你解說。有危險，他們警告你；有需要，他們供應你；他們也代替你決定各種大事。到了入學讀書，你開始明白周圍的世界，可是對學校或家庭以外的許多事情，還是不必親自負責。

如今，你到了少年時期，你的眼界更廣，你對世界也感到美好。你已做過幾番嘗試，想要增廣見識。你也覺得如果能獨立行事，稱心隨意的把喜歡的事物做更進一步的研究，會是多有意思啊！

你會認為有些事物足以阻礙你增加見識，其中之一就是你還是

家庭的一分子。也許你曾多次設法擺脫家庭關係的枷鎖，以便更能自由的隨心行事。然而，如果你能調整自己，繼續在家庭過著美滿的生活，對你未來的成功前途有重大的關係。

你已聽人說過，人類的文明有賴於家庭的組織。有了家庭才有社會，有了社會才組成國家。

你也觀察過宗教團體對國家的福利也有重大的關係。國家的標準很多是由教會的宗教標準而來。如果我們再進一步分析，又可看出教會的標準是由家庭的標準而來，教會標準的高低成敗，純視組成教會的家庭標準而定。

家庭對於教會及國家能有重大的關係者，因為在家庭中，個人的關係極為密切，父母對兒女灌輸他們的理想及觀念，使兒女在離家自立後能成功愉快的生活。父母的責任就是要塑造兒女的人生，幫助他們日後生活美滿幸福。做父母的應給兒女奠定人生初步的基礎。

父母與子女息息相關

父母比你年長，飽經人情世故，觀察悲歡離合的經過，明白成敗利鈍的因素。因此，他們可以本著經驗給你賢明的指導，幫助你盡量避免不幸傷心的遭遇。

父母明白自己的責任，要幫助你了解人生及防患失足，你真是一個幸運的少年人。父母愛你無微不至，這種愛不是你現在所能完全明白的。你在許多方面已感覺到父母的愛，可是在你年齡漸增後，你將更覺得他們對你的愛心。到了你成家生兒育女時，你才會完全明白父母怎樣的愛護子女。

在一般正常快樂的家庭裡，父母重視兒女勝過一切。兒女生活順利美滿，父母就會覺得安慰，他們教導兒女的努力已得豐富的報酬。如果兒女行為乖張，舉措無方，生活困頓，父母就會感受極大的痛苦。

孩童時的你，對父母的權威沒有什麼疑問，你在模模糊糊中承認自己的福利有賴順從父母的命令。固然，有時你也會固執，要照己意而行；然而你雖是一個小孩子，卻也知道違反父母的心意往往會招至麻煩。

不喜歡被約束的叛逆期

現在到了少年時期，你對父母的態度多少有了改變。你雖然還是敬重他們，知道他們十分關心你；但是你到了這個年齡，喜歡有機會照顧自己。你覺得自己的判斷和父母一樣好，你的理解力已經發展到覺得自己可以料想事情的地步。人生是動人的，你希望有機會可以隨心所欲。你歡迎各種證明你將成人的證據。你有了相當的自信心，因此對家庭的管教開始有了異議，甚至不耐煩，極想脫離父母的照顧，喜歡出入自由及自行計畫。

少年期是你從童年期跨往成年期的一個「交接」歷程。你剛踏進這個時期，自己還是一個小孩子；等過了這個階段，你已成年。孩童時代，凡事仰賴父母；一旦成人，便要對自己的選擇和行為負責任。在這個轉變期，你的決斷和行動的責任，將由父母慢慢交接到你身上。因為有了這種責任的移交，所以我們稱這個時期為「交代的時期」。

交代的時期

這裡所謂的「交代」，是漸次的移交，不是突然的改變。換言之，你的長大不是一朝一夕的，也沒有什麼規定的日子，說是到了這一天你便是大人了。雖然在法律上有所規定，說你到了某個生日便是法定成人，但這並不是說，你在那個生日的前一天還是小孩子，而到那個生日之後的某一日，你便完全是大人了。其實，所謂法定年齡，只是表明你已度過或剛要度過這個交接的時期，由小孩的身分變成大人的身分，從此你就要開始負起大人的責任了。

在這個交接的時期中，你與父母之間的關係很難應付。父母當然是歡喜見到你踏進成人的階段，他們不願你永遠是小孩子。他們見到你日有長進，賢明決斷，善處己事，會十分高興，引以為自豪。他們知道你經過了少年時期，必須自己開始負起面對人生的責任。父母明白不能永遠保護你遠離這殘酷世界的冷暖炎涼及罪惡禍害，但他們也認清你所渴望的新自由，不應該太匆促的就給了你。

你的善於處事和做聰明的決斷，這種本事不僅和你的歲數大有關係。因為這並非說你到了十四歲、十六歲或十八歲生日時，你立刻就會「知道怎樣」處理自己的事，而乃是因為你每年長了一歲，經驗增加，本事就更大。因此，在少年時期的幾個年頭，也是你加緊訓練的時期。父母最先給你負起較小的責任，再逐漸讓你負起較大、較重的責任。

從父母的管教下逐漸解放

這種從父母管教下逐漸解放的情形，我們有一個很好的比方可

以表明。好比，一條纜索要從這一艘船上盤到另一艘船上，這條纜索是用來繫舟靠碼碩的。在開始盤索之前，整綑的纜索是在甲船的艙板上，後來甲船的水手把纜索的一頭傳給乙船的水手。乙船的水手開始慢慢的把纜索盤過來。在盤索的過程，本來放在甲船艙板上的一大綑纜索越盤越小，乙船艙板上的纜索則越盤越大。

　　這個盤索的比喻可表明父母怎樣把你行動的責任慢慢盤到你的手中，這種交代是在你進入少年時便開始。他們先讓你在較小的事上可以自做決定，日復一日，他們所交付給你的責任也就越來越大。

　　在這比喻中，甲乙兩船的水手應當彼此合作，否則一方太快，一方太慢，都會出麻煩。人生也是如此！如果少年人太急於擺脫父母的照顧，或是父母突然放鬆管教兒女的責任，都會使之陷於困難。

父母逐漸解除管教兒女的權力

　　兒女要脫離父母的權力，這種過程必須慢慢進行。父母在健全的情形下，用逐漸進步的辦法，解除管教兒女的權力。在兒女逐漸表現自己的能力，行動聰明，及善於處理那增加給他的責任時，父母就授以更多、更大的責任，直到兒女二十歲左右，就有足夠的技巧和經驗，可以自己行動。

　　也許你覺得父母為什麼不早點或快點信任你，讓你自己決斷行事。我勸你千萬別性急，縱使是好像他們不大樂意把你自認為能夠處理的責任授給你。

羅賓，現年十六歲，住在一個約有三千人口的小鎮上，幾乎認識鎮上的每個人。羅賓的爸爸是個小商人，也很受地方人士的敬重。

羅賓在課餘和假期時，都在爸爸的店裡幫忙，辦貨、上銀行、接頭生意、交貨等，他經常開著爸爸的車去辦事。他的駕駛技術很好，爸爸很信任他。

羅賓的父母很保守，認為羅賓還年輕，不應當用汽車做為社交活動。可是這次，爸爸卻覺得他已經夠大了，可以信任他自行作主，見機行事。

那天晚上，羅賓住在郊外的朋友在家裡開舞會。羅賓請求爸爸讓他開車去，他還可以帶幾個朋友一起赴會。得到爸爸的同意，羅賓很高興，甚為得意。

到了十點半鐘，爸爸對媽媽說，羅賓應該快回來了。十一點、十一點半、快到十二點了，羅賓仍未回家。爸爸開始焦急了，怕羅賓發生到意外。媽媽本來很放心的，現在也不由得掛念起來。到了十二點半，羅賓才回到家裡，這時，媽媽滿面淚容，爸爸也極不高興。

不待羅賓開口解釋，爸爸一本正經的教訓起羅賓，說他太晚回來了，罰他以後不准再用車子。爸爸聲色俱厲的痛斥羅賓的行為。

後來，羅賓才有說話的機會，他說舞會一直到十一點才散會。當來賓紛紛告別時，主人請羅賓幫忙送一位女客人回家。這位女客人住鎮外兩里遠的地方，這次被主人請來幫忙預備點心，時間已晚，她是女生，年紀也大了，羅賓當然義不容辭答應了朋友的請

求，開車送女士回家。

　　因此羅賓和一起來的朋友開車先送這位女客人回家。從女客人家回來途中，不幸一個輪胎漏氣，只好停下車把後備的輪胎換上。當羅賓打開車廂拿出備胎時，真是禍不單行，備胎竟然也漏氣！無奈下，羅賓只好徒步回到鎮上，找到一個朋友家，叫醒他，向他借輪胎，回去換，再送同車的朋友回家，之後他才回家，就這樣，時間已過十二點半了。

　　經過這番解釋後，爸爸顯然看法不同了，尤其覺得這是他的錯，因為那天早上他把漏氣的輪胎換好後，沒有立刻修補，就放在後車廂，導致羅賓急用時，無法應付。媽媽聽了羅賓的解釋後，仍然問：「那麼你為什麼不在朋友家打個電話回來呢？」羅賓說：「啊！媽媽，我當時真的沒想到打電話這件事。妳向來信任我，我當時也以為只是一會兒就會處理好，所以沒有打電話。」大家明白了真相後，彼此道歉，之後分別就寢。

　　這是一件很簡單的小事，但在生活上卻經常重演，情形大同小異，差不多家家的少年人都會有諸如此類的經驗。這可證明父母對少年兒女的關心，雖然不是疑惑他的人格問題，但總不免怕他會因判斷錯誤而招惹意外的麻煩。

　　羅賓的經驗也可說明少年的一時大意，使父母非常焦急。如果羅賓先打電話回家，就可以省掉父母的耽心掛念。由此可見，父母有時也會茫然不知應當何時把新的責任交給少年人，而在少年人方面則又經常性急，以為父母太保守而不滿。

　　我知道你對父母這樣性急也是有理由的。因為你到了這個年

紀，你的意見會引起別人的重視。你知道家庭以外的人已把你當成大人看待了，而你的父母依然不肯給你完全的自由，便深以此事為異。父母似乎誤會你，你每次想要快點脫離父母的管教，便會遇到困難。你所切切希望的只是和年長的人一起參加有趣味、使人心醉的事情吧了！也許在你看來，年長者真是頑固，有時好像有點嫉妒你的成功，因此態度冷淡。

當然，年長者的行動總是比少年人遲慢。他們思想及反應多少已定型。他們一向把你當作小孩看待。你不過最近才達到成人的地步。你的精力充沛，你有時似乎又很浮躁。你渴望嘗試新事物，獲得新奇的經驗。可是年長的人對你已長大的這件事，卻是接受得很慢。

表現自己的能力

年長者這種保守的態度，在不久後你就會克服。但這不是出自你要求他們承認，而是由於你表現出自己的能力，已經會處理成年人的權利了。年長者的遲遲讓步、不肯照你的心意承認你，也不完全是他們的過錯。原來你自己的頭腦也有點作怪！實際上，各種事物不如你所看的那麼糟。因為你心中急欲年長者的認同，以致做出有些很愚蠢的事來。

你且回想最近的許多經驗，我想你不會不承認有些事情實在是做得不夠聰明。你遇到的困難正是這個原因。

還有一個難題也是少年人經常遇到的，也就是他想要得到父母所認為並非對他最有益處的東西。少年人要經歷好幾個階段才能發

展到成熟，在每一個階段，總有些欲望，想做出比以前更大膽的事情。例如：在某個階段，少年人很想自己擁有一輛腳踏車，在這個階段，他認為腳踏車比什麼都重要，因此每天想著。結果，父母也許會同意他的要求，讓他買一輛腳踏車；但也可能因為錢不夠而沒買；或父母不贊成買。不管問題最後怎樣解決，在經過這階段後，你就會覺得腳踏車也是無可無不可的了。

此後，你又進入了另一階段，你的欲望發展到要求自己有一部摩托車或一輛舊汽車，你覺得這比什麼都好。但過些時日，你的興趣又想學開飛機。你認為，這些欲望每一個都是又好又正當。你不懂為什麼父母那麼猶豫，不能立刻答應你的請求？然而，父母的遲遲答應並非故意剝奪你的正當娛樂，因為他們見過許多少年由這些東西而遇到意外不幸的事，他們不願你有這些不幸；或你的父母覺得他們和你在經濟上無力購買你所欲望的東西；也許他們覺得你應學會小心用錢的教訓，採取量入為出的原則，所以才抱著這樣的態度。

實事求是，不要特立獨行

為什麼你喜歡在大庭廣眾下嚼食口香糖、穿那些讓媽媽嚇一跳的衣服呢？原來你在無意中覺得，做這些事情可以使人注意你，並承認你已到了這個年紀。你為什麼要把車開得那麼快，超過爸爸認為的安全速度呢？你為什麼喜歡在腳踏車的輪上夾著卡片，輪子轉動時咻咻作響呢？這一切都是出於你那種要人注意和承認的心理，

我想你要追求別人的認同，最好的辦法莫過於有所建樹，展現

你的成就，不必特立獨行使朋友吃驚。用驚人手段來吸引人的注意，反而會惹人反感，唯有可貴的成就才是「實至名歸」無痛苦的後憾。

如果你是一個正常的少男，你和父母之間的歧見，多半是要求隨意出入的自由，不受父母的干涉。你十分有自信，認為自己的判斷準確可靠，自己知道應當去哪裡、應當和哪些人交往。你估計父母的態度太守舊了，感覺他們像是在剝削你可得的歡娛。

父母想要你得到最大的福祉

我們且先想一想，父母為什麼要限制你的出入自由，他們的動機何在。難道你真以為他們這種約束是有意叫你不快樂嗎？你想，他們要你這樣勉強行事，他們會私心竊竊自喜嗎？難道他們是故意要這樣來提醒你他們還是你的「老子」、你還沒有達到法定年齡嗎？絕對不是的。當他們見到你的心願受挫時，他們並不覺得快樂。他們最高的心意，就是要引導你的行動，使你獲得最大的福樂，幫助你避免許多未來的後悔。

但你卻說：「我父母甚至不准我參加他們年輕時經常參加的事情。」你的爭論也許是對的。可是你的父母或者已得到經驗、教訓，知道這些事對一個少年人有害，所以才希望你改弦易轍，他們要你免受那些由於閱歷不足而惹來的失望。

判斷力隨經驗修正

也許你很難明白自己的判斷尚欠完全，你的行為舉止才到了

這個接近成熟的階段。你現在能夠探測許多你還是小孩子時所不了解的事實，能夠想清楚是怎麼一回事，更重要的是，能夠下正確的判斷。人的判斷力會隨著經驗修正，也許沒有人具有完備的判斷力，可是青年男女如果有正常的發展，就會逐年進步，運用更佳的判斷力。

試想，你在兩年前的樣子。兩年的光陰雖然很久，但我相信你還會記得那時所發生的事情。好了，你且回想一下兩年前自己做過的事情。我也十分相信你想起兩年前的許多事時，你一定覺得很多事曾使你相當難堪。你喜歡快快略過這些事，認為「我那時還年輕，知道得不那麼清楚。」可是你還記得你在兩年前自己的態度怎樣嗎？那時你並不覺得自己年幼無知，也不覺悟自己有出錯的危險，等到發生錯誤了，反而顯得十分驚奇。

如果你在兩年來有了這樣的進步，能看清以前許多難堪的事，那麼再過兩年後，你回顧今日此時的許多事，豈不是也可能有這同樣的反應？在今後兩年中，你要繼續增長成熟，正如兩年來的進步一樣。你現在的能力，正是你這個年齡所應表現的，但是你還沒有達到完全成熟的地步，因此最好的辦法還是你承認自己的判斷力有限，不要太過自信。

也許你會說：「我能做什麼呢？難道還要蹉跎歲月坐待成熟？如果那樣，我豈不失去許多人生的樂趣。」不是的。我的意思是，你現在還可以從父母親的監護下得到益處。他們的種種努力，目的是要救你脫離許多不幸與遺憾，以免破壞你未來的福樂。

然而你說：「我的父母不信任我，他們覺得我還是一個小孩子，我的一切行動都必須取得他們的許可。」

應先建立父母的信任

如果你的父母真的猶豫，不信任你，那一定是你過去與現在的生活還不足以使他們相信你的判斷是健全、可靠的。若是這樣，你就應當下點功夫，先建立起父母信任你的心。如果他們是正常的父母，一見到你表現出值得他們信任的憑據，便會樂於信任你。不要希望他們一開始就授予你大任，或是讓你做重大的抉擇。你應當請他們先信任你做小的決定。如果你把這些處理得很妥善，他們便看出你值得加以更多的責任。

為要取得父母的信任起見，你在家中的態度要表現出自己對父母的誠心和敬意。他們是你的導師，你一生的成就，他們感到無限的光榮，過於你所能體會的。

凡事要和父母商量

你對父母恭敬的行為，可在許多小事上表現出來。比方說，你想去應徵什麼工作，應當好好的和父母商量，不是只開口說：「我今年不讀書，要去工廠工作。」這種突兀的口氣會使父母嚇一跳，使他們懷疑你的判斷是否正確。如果你真要今年輟學，你最好這樣說：「我覺得需要實地的經驗。我已經讀好幾年書了，我想今年暫停一年。有一間工廠要請我去工作，你們想我應該答應他們的邀請嗎？」這種態度無異向父母保證，你還是尊重、信任他們的判斷。他們會看出你是正直可愛，可以使他們放心，相信你是走在人生正道上，可免除許多傷心失望的危險。

父母是你最好的朋友。這樣看待他們，會覺得人生更為寶貴。

你應當尊敬他們，這原是他們所應得的；再者，如果你機敏的和他
們合作，你將更快達到養成健全人格的目標。

你有記帳的習慣嗎？你的錢最大多數是花在哪一個
項目？

你有儲蓄的習慣嗎？

你會常向父母親要零用錢嗎？

17 金錢的管理

for Teenage Boys

經濟乃是人生的大問題，這些可能你已經注意到了。生活如何，有賴於自己如何處理金錢。雖然你現在手邊沒有閒錢，但你已知道錢的重要，認為事事非錢莫辦，而巴不得自己有許多錢，能花個痛快。

你或許做過一些夢想，如果手頭能有一萬元，該有多好啊！也許你曾幻想，如果有一兩位不知名的親戚遺下一筆財產給你多好，並根據此幻想大做白日夢。這些白日夢果然有趣，可是你也曾注意過夢想中的錢財不管多大數目，花起來也是很快的像糖化水一樣的溶掉嗎？在你夢想得到一萬元時，算一算要買幾套好衣服，買一輛中古的摩托車，和購買幾樣禮物贈送親友等，你所花的數目早已超過那一萬元了。

不錯，這只是一個白日夢而已，所以你也許會對自己說：「一萬元根本就不夠滿足我的欲望，既然是做夢，多做些又何妨，就算我有兩萬元好了。」然而你提高數目到兩萬元後，這些錢還是從手指縫間滑溜一空，仍然有些心願還沒有達到。

即使你在白日夢中把幻想的資財提高到百萬元以上，你還是會感到入不敷出，因為想要買的東西太多了，價錢極可觀。你在白日夢中雖然儘量提高幻想的金錢數目，可是你的欲望也漫無限制，永無滿足之時。其實，這入不敷出的情形，不僅是限於做白日夢，在你每日的生活經驗中也確實如此。

我想，你一定以為到了年長能夠賺錢時，就可有足夠的錢應付需要了，至少你會希望如此。然而，根據我個人的經驗來說，我始

終無法再應付生活需要之外，綽有餘裕可供揮霍。我自己的進項固然不大，但我觀察那些進項較大的朋友，看看他們的經驗是否不同。我想知道他們能否收支平衡，有否餘款可以隨心花用。

在我觀察朋友是否解決了這個收支平衡的難題時，我問自己：「這位朋友是否有足夠的錢可以購買他所認為需要的東西，而仍然有錢餘剩呢？」這個問題很有趣，令我驚奇的卻是有些朋友雖然很會賺錢，他們還是有極大的經濟困難。

我經常設法找些朋友籌募一點錢來幫助有志青年讀完他們的醫學課程。但我發現進帳最大的人，往往是最難出錢幫助他人的人。這等人已把大宗的收入都花用了，並讓他們的欲望越長越高，比他們進帳的增長更多了。

因此，我認為要解決收支相等的難題，並不一定要提高每個月的收入。我曾發現一些事實，幫助我怎樣解決此問題。

我也有少數的朋友，他們的收入中等，卻能量入為出，享受人生的樂趣，仍有餘款可充額外用途。我曾設法查察他們處理經濟的祕訣何在，原來他們都是在少年時期就已養成了善用金錢的習慣。

我相信本書應當向各位少年讀者談論這個問題，所以在本章特別提出來研究，希望你們明白這個原理，將來的人生可得更大的樂趣，同時在少年時期如果能成功的處理自己的事，自己也會感到更大的滿意。

你現在是處於交接的時期，如果你還住在家中，父母供應食宿，你可不費分文。如果你離家寄宿學校，你的費用大半還是由父母支付。雖然你現在凡事多賴父母的供應，你還是要學習如何處理

金錢。你現在是踏進成人的門檻，需要發展處理金錢的技巧，學會平衡收支的本事。

　　你現在就應當預備，以便將來時候到了，就可全靠自己的收入為主。你不要希望奇蹟出現，以為少年就不必準備，到了將來竟能忽然有了妥善運用金錢的本事。須知，現在正是你學習用錢的時候，即使數目很小，也可從此開始。不錯，你現在的錢都是父母的，然而父母的錢難道就比你自己賺來的錢更沒有價值嗎？

　　可是你說：「我現有的錢這麼少，要怎樣學理財呢？」我們將在後面的文章裡提到怎樣找打工，使你自己可以賺點錢的問題。在這裡，我認為你現在還是受父母的供應。我相信你如果表現自己是值得信賴的，你的父母一定會樂意把小量的錢交給你去處理。他們之所以猶豫讓你處理金錢，唯一的原因是害怕你花錢不會像他們那樣小心。

縝密估算所得和開支

　　為你個人獲得處理經濟經驗起見，我提議你先挑幾件個人的需要來下手，縝密估計當用多少錢來支付這幾項需要。然後請求父母把應付這些需要的錢，按日交託給你，由你去處理。比方說，以衣著而論，因為這是最容易的開始。起初你不必希望負責購買全部的衣服，但你不妨要求父母讓你自己購買學校的制服。

　　在負起這個責任之前，你先留心研究校服的價錢，以及在過去一年內的需要是多少。有了這個計算之後，你就可以預料到在今後一年中的需要是多少。然後可向父母請求把這筆錢交託給你，並同

意在這一年中不再要求另外加錢去買校服。如果糊塗的把這筆錢胡亂花掉，那麼你這一年只好穿破舊校服，無法添加新衣服。

你一旦有了這個辦法，許多有趣的事也就開始了。許多時候，你會想要求父母收回這個處理自己需要的責任，自己樂得清閒。我自己的兒子和女兒就有過這種經驗。忽然負起這種責任的經驗，對你是很寶貴的，可以幫助你學會如何處理經濟。因此，一旦父母同意和你合作，你就應當堅持到底，貫徹你的計畫。如果遇到困難，應當仔細分析錯誤的原因，以便不再發生這種錯誤。

學習記帳了解情況

你應當學習記帳，可是不要太複雜，最要緊的是記下日期、金額、用項就夠了。應當記帳，看來似乎是一種不必要的麻煩，可是日子一久，就可看出好處。

當你惶惑不知如何計畫未來用度時，只要查看過去買東西的記錄。這種回顧可使你曉得自己在過去有哪些地方處理的適當或不適當。你也可以看出哪些用度使你遇到極大的困難。例如：買鞋花的錢太多，就當特別留心照顧鞋子，否則只好把一些還可以穿的舊鞋補好再穿，或是下次改買別種質料特別堅固的鞋子。

到了你負起購買自己衣服的全部或部分責任後，你便會對衣物更愛惜，小心穿用，還會留意所要購買物品的質料和商標，不久就曉得一分錢一分貨，貪便宜會吃大虧等道理。

雖然在計畫購買自己的衣物時，你要花費很多額外的功夫，然而這是很值得的。你的自信心會增強，你選購東西的技巧會提高。

這等經驗將成為你日後生活上的一大資產，在主持家計與生活奮鬥時，對你大有助益。

　　如果你現在寄宿在學校，就可有更大的機會學習如何處理金錢。我提議你先算一下父母每個月花多少錢來維持你上學。找出過去已花掉的數目，以便小心預算日後將要花用的數目，有了精確的計算後，可向父母請求把每個月應用的金額交託你，由你自己負起應付學校費用的責任。

　　實行此種計畫，可得很多益處，對用度會更小心。在你要買一本可以從圖書館借到的書之前，必先想了一想；在選購食物時，你會小心不買太貴的點心，改買經濟又營養的食物來果腹。如果在宿舍能找到工讀機會，你一定要利用機會賺點錢來應付需要。

　　有一個最好的方法可以幫助你在處理自己學費方面保持興趣，那就是盡力設法減少自己每個月的費用低於實際的收入。幾個月過後，向父母表現你會節儉，及多少有點積蓄，可使他們相信你理財的本事很有進步，樂意把更大的責任交託給你。

　　我們前面所討論的，都是由於假定你的全部或一大部分的生活費用是由父母的供給而來。如果你的情形真是如此，那就表示父母十分愛護你，他們已竭其所能來幫助你在生活上有一順利的開始，以便你可以善用一切的機會。雖然如此，但我們牢牢記住，少年階段是一個交接的時期，不久的將來，你就不能再靠父母的資助了。如果你事前毫無一點賺錢的經驗，一旦忽然要凡事全靠自己，那就很難辦了。因此最好在此時不但要學習如何處理金錢，同時也當學習怎樣賺錢及怎樣應付老闆的經驗。

勞動獲取自我成長價值

不幸得很，有些少年人以為打工是一件羞恥的事，富家子弟尤其普遍有此態度。事實上，這種「我不打工，因為我無需去打工」的態度，正說明他是不善於調整人生的人。

凡是正常、健全的少年人，都有一種要求自我獨立的心願。這種要求獨立的心願，若非我們善予誘導，不然少年人常陷入困難之境。滿足這種正常心願的方法就是打工賺取零用錢。少年人如果接受這些零星工作，賺錢來應付自己用錢的一部分，便能在人生長遠旅途上更接近成熟的地步。

工作的選擇對少年人來說，並不像對成年人那麼重要，但重要的是，你自己可以賺錢，並且學會如何與你的老闆相處，使他滿意你的工作成效。

修理庭園對少年人來說，是一件很普通且很好的工作。如果他對這一家有很好的服務，他的名聲就會很快的傳開，這樣，鄰居們都會喜歡請他來工作，這樣豈不是變成他的小生意了嗎？有時也可以做包工，四處找點零工來做。此外，也可以買點東西來賣，或者替人賣東西。這樣便可學會如何與人接觸、滿足人的需要，並觀察人們不同的興趣與欲望。多半的少年人喜歡機器，也可以到附近的加油站或修車廠找點工作做，一面可賺點零用錢，一面也可以培養自己對機器的興趣，學到許多有用的本事。

若在幾十年前，兒女所賺的錢都會交給父母。因為父母維持家計很辛苦，以為兒女應當工作來貼補家用。現代人的想法已改變了，認為由兒童變成大人的交代時期，應當慢慢來。大多數的父母

承認少年兒女的個人權利，並樂意在兒女能夠妥善處理這些事務時，從速把這些權利及責任交託給他們。

　　事實上，父母確實花很多錢來維持家計。你的費用便是他們一個重大的負擔。如果你以為自己所賺的錢，應歸自己使用，父母的供給還是照樣受之無愧，就有點對父母不公道了。因此，在你開始賺錢時應當與父母有些諒解，指出哪些費用可由你自己的收入來應付。至於完全屬於你私人性質的費用，更當自掏腰包。如果你寄宿在學校，更要盡力設法用自己賺的錢來應付各種需要。如果在假期找到工作賺錢，對下一學年的衣著也應自己負責才是。

　　關於你應當做幾份工作，當然要看父母的經濟情形而定。縱使你的家庭收入富裕，最好你也找點工作，以便得到經驗，使自己有賺錢的本領而提高自信心。如果是家境困難，兄弟姊妹多，家計開銷甚大，就更當負起工作的責任，盡量自食其力，才算公道。同時這也是一種最好的訓練，學習有識事辨物的能力。

　　少年人問：「對公益活動的捐獻，訂購校刊，以及各種募款運動等，是否都應當花我自己的錢呢？」這個問題的答案要看你熱忱的程度，以及你對這些事的責任感如何。例如，作者向來遵守聖經的教訓，忠心捐出所得的十分之一，因此我們也是鼓勵兒女把他們的收入抽出十分之一，捐給教會奉獻上帝。他們從小就養成這種習慣，直到少年階段還是會照行。為要貫徹這個辦法始終不懈起見，每次一收到錢，應立刻把十分之一抽出，否則我們可能會有把全部的錢花光，而無法實行預定計畫。根據我個人多年繳納十分之一捐款的經驗來說，實行這種辦法之後，得蒙上帝所賜的福氣極大，遠

超過我所捐獻的十分之一的價值。我不但對自己能參與教會偉大的佈道事業感到滿意，也以自己能與那些忠心實行聖經教訓而得上帝隆恩厚眷的人相列，感到無比的光榮。

對於那些有價值的事業，也可應用同樣的原理做甘心樂意的奉獻。年輕人如果想發達順利，自當把所得的福氣與別人共享，這不但可助你養成慷慨的精神，也可使自己覺得是忠於你所屬的團體。

儲蓄可養成勤儉美德

關於處理個人錢財方面，還有一個議題是我們應當討論的，那就是儲蓄。我們知道每個人的情形不同，有時一個少年人賺了錢就花光，入不敷出，根本無法儲蓄，這是例外，情有可原。但無論如何，你應當養成勤儉的美德，實行儲蓄，以備不時之需，否則如果有了一面賺錢一面花光的壞習慣，那麼你一輩子就永不會有存款的日子了。

一個人如果說：「我在銀行裡有一些存款。」他的心裡就會感到很大的滿足和快樂。不管是幾千或是幾十萬，不論數目多少，都會使你得到安心。如果你能說這樣的話：「我本來可以買一件我中意的大衣，因為我在銀行的存款足夠買下它，但後來我想舊大衣還可以穿，倒不如省下這一筆錢更好。」你的感覺一定很愉快，富有自信心。你能夠說：「如果我要的話，我是可以怎樣怎樣，」這總比你說：「我想買一件新大衣，只可惜我把上個月賺的錢都花光了，自己也沒有儲蓄。」要快樂得多了。

健康的規律生活有哪幾項？

你有早睡早起的習慣，還是有晚睡晚起的習慣？

18 個人生活習慣

for Teenage Boys

我的孩子里德十七歲那年，有一天，他和一位朋友各自借到一輛摩托車，一起出門玩。等里德回來後，我問他這天玩得開心嗎？他竟然搖頭說：「我們都沒有走多遠。我們一整個下午都花在路邊修理湯姆的摩托車。」

不但摩托車如此，其他東西也是一樣。工欲善其事，必先利其器。各種機器必須先有良好的品質，才能給人滿意的服務。至於人的身體，又何嘗不是這樣。如果人的健康良好，才可能生趣盎然、活潑、樂觀、處事順遂；反之，如果有疾病，便覺得非常頹喪，甚至以為人生此世已無價值了。

我因工作關係，每年要開車幾千里以上。很多時候，我要開車到幾百里以外的地方赴約，如果失約，對我的工作會大有損失。因此，我不能不靠我的汽車，並覺得對汽車應當好好愛惜，向來都是交給靠得住的維修廠照應。有時甚至要花很多錢，把車重新整理一番。我寧願花錢把車好好清理一次，也不願它在半路上拋錨，修理起來十分費事。歷年來，我一直保持這個宗旨，倒也省了許多麻煩。我從來沒有失約，連遲到都很少有。不但如此，我每次的旅行都極愉快，比起在路邊費事修理，或是要在修車廠裡苦苦等待，簡直不可以比擬。

一個人要保持健康，提高工作效率，自比保養一輛汽車更重要。我們為保持良好的健康而費掉的光陰與精力，所得的利益真可說是數倍於所花費。

少年容易感染疾病

多數人以為少年人很健康，這種想法並不正確。有兩個理由可以說明為什麼少年人比成年人更容易感染疾病：第一，人在少年時期，身體作用所起的變化很大，需要大量的精力來幫助他由幼年進入成年，因此在少年的初期，約兩年時間，他的身體會經常感到不適。

第二，人在少年時期對生活上的健康規律常不大注意。他要快樂、要浪漫，不願受衛生原理的拘束。雖然不容易立見有害，但長此忽略照應身體，結果難免要生病付出代價了。

或者你會問：「何以如此？一個十三、四歲的小伙子，竟然那麼缺少精力？有人以為他是懶骨頭。他經常感覺疲倦，有時又會頭痛或關節痛、心口痛。他覺得很浮躁、不安，甚至很失意。」

然而上述的這些徵狀，並非每個少年都有這樣的經驗。這些徵狀多半是在男孩子快速長高時期出現。這時，不但他的肌肉和骨頭起變化，連內部器官也在起變化，所以必須做新的調整。例如：一個男孩子的手臂和腳都長得很快，以致肌肉應當按照新的比例增長，他也覺得自己比前幾個月強壯許多。然而在心臟和肺臟方面，卻未必像腳和手臂那樣增長，因此他還缺少那與長大的腳、手臂並駕齊驅所必需的能力。

少年人早期的這些疼痛說不清，總而言之，幾乎每個男孩子都會有此經驗，但這對未來的生活不會有嚴重的影響。這些疼痛可能由於長大的骨頭與關節有了新的比例調整所致。

我不贊成男孩子在少年時期因為有了這些藉口，便有意變成懶骨頭。如果以這等經驗來自我解嘲，亦非上策；反之，不應該因為

有了這種精力短少或微感不適的現象，便過分驚惶。他應當更注意健康的規律，建立健全的體格，這樣那些徵狀也會很快的消失。

有時少年人會受試探，以健康欠佳為理由，來達到所要求的事。也許你已經注意到，學生在考試來到時病倒的很多，而在野餐遠足之日卻很少。其實，以病為藉口的把戲，並不是男子漢大丈夫解決難題的辦法。最好的方法還是注意健康規律，使自己身強力壯，足以讀書應付考試，不辜負人們合理的期望。如果你缺少勇氣去應付人生，結果就會受試探來以生病為藉口了。

關於健康的規律，我們提出四點容易遵行的原則如下：

第一，應當切實有充分的運動，最好是戶外運動。

這條規律對少年人並不算是難題，所有正常的男孩子都極愛活動。我們的身體生來就是好動，尤其是體力和精神兩方面的活動。怠惰懶散乃是反常的現象。不錯，人活動太久會疲勞，但疲勞並非危險的事，只是表示你的活動已到了體力即將耗盡的地步。如果你睡覺休息，這些體力就會很快恢復。我們忙了一天，便感疲勞，需要睡覺休息，這時體內便大事補充精力，足以應付次日更大的工作。因此，一個人天天應當有適量的運動，對健康很有益處。

前段已經提過，我們可以做精神和體力兩方面的活動。創造主的原意是每個人對這兩方面都應予以注意。如果你每天在肌肉及頭腦都有所活動，就更可以享受健康之樂。因此在學年期間，你因上課讀書，耗費精神很多，所以也當於課外之餘，從事各種運動，藉以平衡生活。可是在學校放假時，因為在外打工，體力活動較甚，如果略作閱讀，或每晚多少做點研究功夫，會覺得更好過些。

精神體力須平衡發展

欲求體力及精神雙方活動的平衡，並非漂亮的空談而已。這種平衡的生活，乃是維持良好健康的先決條件。由勞心而來的疲勞，不能單用一段時間休息來恢復，必須用體力的活動來配合精神活動，才可使全身各部位的血脈流通，使呼吸深長，使體素內的廢質更易排除體外。因此，在用功讀書之餘，也當有體力活動來使身體生機蓬勃，並幫助你晚間好睡。這樣的配合才可使你在精神及體力雙方面都感到愉快和健康。

所謂體力活動，並非全指娛樂性的運動而言。除了球戲和各種運動外，勞動生產的工作也是一種很好的體力活動。我認識有些體力非常強壯的年輕人，他們都是在農場和鋸木場做工。可見體力活動並不一定要到運動場去，即在勞動生產工作上，也是可以得到的。然而，你也不要一曝十寒，以為在暑假勞動了一個夏天，就夠維持這一年的健康。實際上，你所需要的是天天的體力活動。在每日生活上，應當有體力活動和精神活動互相配合，這樣方可得到最高的效能。如果你每日的工作都是勞心的，就當參加一些運動藉以活潑筋骨。

我們讀過很多關於姿勢及如何有良好姿勢之類的文章。你有否注意過一個有正常體力活動的少年人，他總會有良好的姿勢？如果你的筋肉發展良好，自然而然會覺得生機蓬勃，昂頭挺胸，表現雄糾糾的精神，無論坐立起行，都會有天然良好的姿勢。

培養勇氣與信心

一個精力發展良好的少年，會有充分的自信心，對人生前途十

分樂觀。聖經上曾經提到大衛迎戰巨人歌利亞的故事，我相信他的勇氣就是一面信靠永生的上帝，一面也有良好信心而來。當掃羅王詢問大衛怎敢接受巨人的挑戰時，他滿懷自信的回答：「你僕人為父親放羊，有時來了獅子，有時來了熊，從群中啣一隻羊羔去。我就追趕牠，擊打牠，將羊羔從牠口中救出來。牠起來要害我，我就揪著牠的鬍子，將牠打死。你僕人曾打死獅子和熊；這未受割禮的非利士人向永生上帝的軍隊罵陣，也必像獅子和熊一般。」（撒母耳記上17：34－36）

如果你有大衛這樣的自信心，也必能做出大事。第一你要信靠上帝，把自己的人生交給祂去指導，然後也常常記得自己過去許多克服困難的經驗，這樣就會勇氣倍增，力能應付前面的難處了。如果你能說這樣的話：「去年夏天，我能夠收割許多捆的麥子，像場上最大的人一樣。」那麼對於迎面而來的其他難事自不必害怕畏避了。如果你實在能說：「我能打一手好籃球，像任何隊員一樣。」你自然也會胸有成竹的說：「我也會推銷書報，正如別人一樣的成功。」

總而言之，人有了良好的體力活動，自然會有良好的信心。你的雄壯豪邁，固然使人望而生敬，但最要緊的，還是使你對自己有信心，正像別人相信你一樣。

第二，健康規律應當有足量的睡眠。

人在睡覺時，就是把精力的電池再充電一次。經過一夜的休息，在體力和精神方面便補充有新的精力，足以應付日間的需要。酣睡可掃除一切疲勞，使你從頭開始。你把光陰耗於睡眠，乃是好

的投資，它使你有最好的辦事能力，並增加你的辦事效能。

　　睡眠不足簡直是把前一天工作的辛苦像欠債一樣的拖到了今天的帳上來。如果你睡不夠或是睡不好，無力掃除昨天由工作而來的疲勞，那哪有能力來應付今天的工作呢？也許你解釋說，我實在太忙，沒有時間睡夠八小時。也許這是考試前夜，你覺得應當多讀書、少睡覺。其實這種理由是騙人的，因為你睡眠不足，次日辦事的效能必定差。在應付考試時，最好要有清醒的頭腦，這只能從良好的睡眠休息而來；如果不是這樣，就會頭昏腦脹，怎能寫下正確的答案呢？不信不妨試一試，看看清楚的頭腦會怎樣幫助你成功。失眠使你失去精力，結果所辦的事不但效能很低，而且常會出錯和出毛病！

　　少年人往往對充分睡眠這件事很不關心。人生多采多姿，要做的事情實在太多了，而光陰又過得那麼快，天天都忙不了，做不完，很容易讓你把上床睡覺的時間延遲一兩個鐘頭，以為可以多做一點事。

　　其實，少年人是比成年人需要更多的時間睡覺。一般正常的少年人，大多熱心好動，亟欲有所成就，因此把一天的精力，花用精光。可是在這由兒童到成人的過度時期，有許多方面需要做新的調整，這些調整又需要額外的精力，所以少年人的精力消耗，可說已達極點，故此他比成年人更需要時間睡覺，以便補充大量的精力。

　　睡眠不但補充你的精力，也是加強你體內各器官的力量，抵抗疾病，所以每晚應當有充分的睡眠。也許你已注意到，如果晚間失眠，很容易傷風。可見，如果要維持良好的健康，充分的睡眠休息非常重要。

第三，健康規律應當有良好的飲食習慣。

要討論這條規律，先要回答兩個問題：吃什麼？什麼時候吃？

作者無意在此列舉各類食物，將之分成什麼是好的食物，什麼是不好的食物，但我們可以在此提出一些有關飲食的原則。智慧的所羅門王說過：「邦國啊，你的王若是貴冑之子，你的群臣按時吃喝，為要補力，不為酒醉，你就有福了！」（傳道書10：17）

這裡所說的「酒醉」，原意不是由喝酒而來的酒醉，乃是指著你過分耽溺於美味可口的食物。我們選擇食物時，應當注意它是否是良好的食物，不應只因為它是味美可口而食之。有許多良好的食物，同時也是十分美味可口，但不是一切食物都是這樣。所以人如果單憑口味的好惡來選吃食物，就會有危險。口味不是可靠的指南針，它不能道出食物的價值。有時你的口味也許已經變壞了，常會叫你愛吃那些對你實際無益的食物呢！

我想少年人有一個最大的難題，就是往往會吃太多糖果。為維持你的良好健康起見，我們有許多理由可以說明，這些東西是不應該吃太多，如糖果有大量的糖份，對牙齒有害；糖果會使人食欲不振，對有益身體的食物反而不想吃。

調味強烈的食品也有害健康。有些調味品實際上是在刺激你消化器官的體素，同時也像糖果一樣，使你對良好健康的食物失去胃口。調味強烈的食品也會叫你越吃越想更加重其強烈成分，辣上加辣，酸上加酸，以致對一切正常的食物感到平淡無味。因此，我們應當培養嗜好健康食物天然的味道，而不選吃那些添加過多人工調味的食物。每天的食物應當時有變化，這樣你就會欣賞各種食物的

天然味道，不會只愛吃那些單調、專靠強烈調味的食品了。

其次，我們要談何時進食的問題。以前一日三餐的習慣，可以說是最好的。人類的消化器官需要休息，不能一直飲食不停。胃應當有時間把這一餐所吃的食物完全消化掉，若是不停進食，或是兩餐之間吃零嘴，會使胃一直工作沒有休息。此外，吃零食也會破壞正常的食欲，使你不想吃正餐。

你當然會注意到，有些食物更容易消化。在選擇各種食物時，最好把難消化的食物在日間先吃，而把容易消化的留到晚餐吃。如果是在晚餐吃難消化的食物，消化的時間將延長，到了睡覺時，胃內尚有食物，使胃不得休息，就會干擾你無法得到良好的睡眠。在臨睡之前吃零嘴，也是有害健康的惡習，原因也在此。

第四，健康規律應當培養個人的整潔。

保持整潔並非一定要花錢購買外表華貴的衣冠才可辦到。價錢公道整齊清潔的衣服，也許會比價錢昂貴沒有好好打理的衣服更好。人的整潔並非單指衣服而言，小心注意身體清潔，避免體臭，好好照顧牙齒，好好修剪梳理頭髮，好好保持鞋子乾淨光亮，這些都可算是整潔的一部分。

有些少年人因為過於熱心運動及各種癖好，以致對自己的儀容漸漸不加修飾。如果人不整潔，會使別人見而避之。一個富有進取精神的少年，很快就會發覺到，儀容整潔對人生各方面非常重要。

儀容整潔不但使你容易親近別人，同時也加增你的自尊心。如果你穿戴整齊，衣著清潔，自然而然會有文質彬彬之感，遠避那些下流卑劣的行動。

　　健康乃是體格方面最大的資產。健康良好，其他各事也必隨心順意，不但使你自覺滿意，也會給別人好的印象。良好的健康乃是成功生活的極大要素，使你增加效能，使你多得朋友，使你事業成功。如果人沒有健康，生活便感黯淡無光，事事有心無力，成功渺茫，毫無生趣。

　　你既然踏進成年的門檻，前途展望甚佳，對現在以及將來都當有良好的健康來應付。健康非常寶貴，無論付出何等重大的代價都值得。本章所提的健康規律，都是簡易可行的原則。可惜人們因為太簡易了，反而置之不理，如果是很難的原則，人們倒要更加注意。無論如何，這些規律雖是老生常談的簡單事情，卻對你的人生有很大的關係。如果你認真實行，必可獲得許多倍的報酬，使你的人生充滿幸福、愉快、光彩！

請分享你家庭的宗教背景對你帶來的影響。

你試過祈禱嗎？試著描述你祈禱後的感受。

你覺得信仰對你重不重要？

19 談信仰

for Teenage Boys

每個人都有自己的哲學，那些自稱無宗教信仰的人，對人類和宇宙的關係，也有自己的想法。無神論的人，不相信有上帝存在，卻以無神論當作是宗教，並以此論點建立個人的哲學觀念。

人到了少年時就開始發覺個人的哲學觀念不同。他注意到有些人是基督徒，相信上帝是創造萬物之主及基督是人類的救星。他注意到有些人只相信上帝不相信基督。後來他又聽人說起各種宗教，它們的信徒也像基督徒一樣的熱忱。他又覺察到人們對上帝的觀念也大不相同。有些人相信上帝坐在天上的寶座上；有些人相信上帝無所不在。基督徒相信上帝是天父，對待人類至為仁慈；有人則信上帝為專制暴君，說什麼「天地不仁，以萬物為芻狗」的憤慨話。

人到了少年時有了這些觀察後，便開始自問：「我的哲學是什麼？我應當相信什麼？為什麼我要這樣相信？」這些問題都是表明一個人已到了快要獨立思考的程度。

父母的責任

父母應負起兒女幸福和行為的責任，使他們有最好的人生開始。父母不但供應兒女物質生活衣食住等方面的需要，也應當照料兒女情緒及精神上的需要。尤其後者，父母應當教導兒女最好的人生哲學。

一個孩子到了成年時，他自己便對造物主負責如何善用其人生及影響。他必須決定父母的人生哲學是否為自己所採取。到了二十一歲法定年齡（在此指美國法律，台灣則是二十歲），他應決

定自己投票擁護哪一黨派。父母所擁護的是左傾或右傾或中立的黨派，等到他自己進了選舉的密室，祕密投那神聖一票時，卻得自己決定到底要投誰的票。雖然父母對他有些影響，但他投選票時父母並不在場，所以他的投票乃是負起個人責任的表現。

宗教信仰也是這樣。一個人到成年時，便應負起責任來決定個人與創造主的關係。此種宗教哲學的選擇，與其個人至關緊要，不但今生幸福繫之，來世永恆的命運也由此決定。

一個在基督教家庭生長的年輕人，久受教化薰陶，自屬無大問題。他有機會觀察父母的日常生活，進而來評判其宗教的好壞，如聖經所說：「觀果知樹」，他可以決定父母的宗教是否可取。如果這種宗教能在家中發揮相愛相助的精神，使家人能互相諒解及寬恕，注意人生優雅的方面，相信上帝眷愛其子民，實行人類同胞手足的義務，及照聖經的應許為理想的來生在今世過得勝的生活，那麼他一定要選取這種宗教為其人生的圭臬。在這種家庭中成長的年輕人，其唯一的危險是怕他漸漸離開自己所學的道理，就如自撤藩籬，如車出軌，後患不可收拾了。

丹尼爾的家庭很美滿。父母敬畏上帝並照所信的道理行事，甚受鄰里親友敬重。他們對待兒女極為和藹，丹尼爾從小就學會了祈禱，相信上帝的領導。

朋友的影響

丹尼爾是四個孩子中最小的。後來，他覺得自己受了家庭以外的興趣所吸引，世俗的娛樂一時掩罩了父母所教導的由宗教而來的

安寧。他雖然沒有放棄宗教信仰，卻讓各種興趣消耗了光陰與精力。他和不同信仰的人交往，並為表示「要好」起見，他漸漸學會了參加他們的牌戲、跳舞及菸酒。父母勸誡他、教會的牧師及兩三位教友也給他忠告，他和氣的接受勸告，但同時自辯：「我現在還年輕，我要看看世界能給我的是什麼。」他很希望在盡情享受世俗的歡樂後，再來注意宗教方面的事。

後來，丹尼爾迷戀上一位家庭背景完全不同的女子。她聰明活潑，博學多才，但毫無宗教信仰。丹尼爾非常喜歡她，由戀愛而結婚。

第二次世界大戰爆發後，丹尼爾服務於空軍，是駕駛員。作戰數年，出生入死，屢建奇勳，榮譽退役。在服役期間，他的良心開始不安，雖然他希望恢復以前的宗教經驗，俾得心靈上的平安，但是現在似乎有點走入迷途太遠了，妻子對他的宗教信仰毫不表示贊同，同時他的菸癮頗深，無法自拔。

當此之際，他本應痛悔錯行，回頭正道，求主赦罪，恢復以前的信仰才是，然而他仍戀戀不捨世俗的歡樂，迷醉於世俗的享受。及至戰爭的危險過去，退役回家後，他又負起養家的責任，生活忙碌，再也沒有勇氣去順從良心的指導行事了。

伊娜的爸爸是工程師，媽媽是護校畢業，現任家庭主婦。全家是基督徒，有很理想的教養。伊娜的父母都是熱心的教友，爸爸當教會長老，媽媽積極參加教會的慈善服務。家中早晚都有祈禱禮拜，父母對待三個女兒都很好，十分關心她們的靈性福利。

伊娜對宗教從來沒有認真思考過。她自然而然接受父母的宗

教，認為這種宗教對她很好。她參加教會學校的各種活動，積極從事教會青年方面的工作。雖然有時覺得父母太嚴格，並想得到較多的社交自由，可是大多時候，她是順命合作，是個很聽話的女兒。

伊娜十六歲了，她在學校交了一位好朋友。這位朋友的家庭對宗教並不認真，常把疑惑之念灌輸給伊娜，不斷的說宗教是一件老古董，現代的聰明人是不參加宗教活動的。

效法世俗的危險

伊娜的信仰本來就不積極，她信教原是隨附家人。現在這位朋友譏笑宗教，很快的影響伊娜對信仰產生冷淡。雖然有時她也會良心不安，覺得自己的行為離了正道，但她會狡猾的自我安慰。想自己是比父母之輩更「進步」開明。她開始對時髦的奇裝異服、時代的社交禮節、流行音樂以及其他足以表示自己在世俗的標準中出盡風頭的事物，發生了非常濃厚的興趣。

伊娜的信仰日見冷淡，已使父母憂心如焚。每當父母勸她要改變態度時，她竟然提醒父母，她已經長大了，應當信仰自由，不可勉強她。

伊娜以令人驚異和述說新奇觀念而時常得到某種快慰，但這種快慰是暫時、膚淺的，與她以前所享受的安寧心神，無法相比。她沒有完全丟棄在家裡所學的宗教原理，雖然繼續冷淡下去，可是她所交的朋友中大半乃是和她的父母信仰相同。

後來，伊娜認識一位熱心教友葛雷。他讚美伊娜的可愛性格，兩人相交後，葛雷發覺伊娜對信仰日漸冷淡，他一直希望伊娜在年

齡稍長時會改變這種態度,之後兩人結婚成家了。

　　成家後,葛雷想舉行家庭禮拜的制度,伊娜卻反對,並堅持以行動來表示不關心宗教的事。葛雷雖然不贊成她對宗教的冷淡態度,但因為他很愛伊娜,不忍拂逆其意,只好遷就她的現代化心願及效法世俗。

　　兩、三年過去了,他們繼續注意那些浮面輕飄的事物。有時他們也很嚴肅的想起自己正在隨波逐流,不知飄向何方,可是他們都沒有勇氣毅然決然的恢復以往認為純正的信仰,重新皈依真道。

　　後來他們遇到一場慘事,他們的小孩得了重病過世。這場悲痛的經驗,對他們的影響很大,他們心碎了,也開始對生活做一番審查。經過了誠心檢討,伊娜終於說:「葛雷,我相信上帝讓這場災難臨到我們家,乃是要我們自己得益處。我們年來生活飄浮無定,不顧上帝的主張。我現在承認這都是我的過失。我想起了自己十六歲時,在學校宿舍不慎交了一個無信仰的同學,我們是密友,我受了她的影響而改變對信仰的態度,與以前在家所信的正道相反。我現在覺悟了,我們現在的需要,就是應恢復我們自己的宗教信仰,重新積極歸主。」

　　他們果然回頭了,揭開了人生新的一頁,與教會重新發生連結,積極參加各種救靈活動。尤其可述可記的是,此後他們的生活十分美滿快樂,遠勝於以前所過的生活。

父母的信仰態度影響子女

　　有些家庭不如前面所提的丹尼爾和伊娜兩人的父母那麼理想。

有些家庭在名義上是信教，但父母在生活行為上卻與所信仰的道理相背，讓家中生長的兒女很難建立起個人的信仰。他們見到父母的言行與信仰相反，便自然而然斷定這種宗教是可笑的。

我的朋友狄恩遇到了難題。他的父母是掛名基督徒，自稱是熱心的教友，可是在家裡卻沒有基督徒所應表現的謙恭容讓的美德。

狄恩到了少年時開始選擇和培養自己的人生觀。他一想起宗教的問題，就立刻下了主意說，若一切宗教都像爸爸那樣名實不符，他寧可不要信教。不幸得很，他以為爸爸的粗殘凶暴是因宗教使然。其實，爸爸名為基督徒，卻從來沒有過真基督徒的新生感化。他沒有在生活上照著道理實行，狄恩見不到這些，而有所誤會。

外表的信仰毫無益處

狄恩雖然決定不信教，但為了保持家庭和睦，在外表上他還是順從父母所信的教會，內心裡卻在等候機會，等他可以獨立行動。到了十九歲，他應徵入伍，機會果然到了。

軍隊的生活激動、興奮，時間過得很快。有好幾次，他遇到致命的危險，卻神蹟似的得救免死，但這些經驗並沒有使他覺悟到這是仁慈的天父保護他的性命。

戰場生活變動奇速，他在不知不覺中成了戰俘，在集中營過著漫長的歲月。這時他有時間思考了，他漸漸體會到無信仰的生活無法讓心靈得到平安與滿足，於是，他在集中營裡做出終身重大的決定，接受了父母所信的宗教，並立定心意要照真理來生活，不只是掛名而已。

　　戰後，狄恩回到家，與家人團聚。他非常感謝上帝保留他的生命，能再和父母相會同聚，尤其感謝上帝使他有了真實的信仰。他對父母提起計畫升學，預備一生為人類服務。

　　有些年輕人出身自無宗教的家庭，甚至連狄恩那樣的宗教觀念也沒有。這種年輕人要自己決定其人生信仰，他只有隨著自己的經驗而行。

　　梅爾是六個兄弟姊妹中排行第二。父母都不信教。爸爸原本是優良的鐘錶修理匠，後來染上酒癮，經常醉酒誤事，失去了好工作，最後淪落到次等的鐘錶店。收入減少，家計又大，還要花許多錢買酒，使得家計更無法維持下去。

　　家境每況愈下，媽媽憂心如焚，便與幾百里外的叔嬸商量。叔嬸雖不富有，卻願意盡力襄助，同意讓梅爾去他們家生活。

　　梅爾到叔叔家才十四歲。以前他在公立學校讀書，現在雖然只有十四歲，因家境關係，讓他很認真的思考問題。他很為爸爸難過，本來有很好的收入，可以自豪的高明工匠，如今一貧如洗，難以維持家計。梅爾前思後想了一番，決定他未來的生活必須和爸爸不同。他雖不知如何實行決心，但對這個能夠離開困難的家庭的機會，他一定要設法幫助自己避免和父母所遇到的嚴重難題。

　　梅爾發覺叔叔家和自己的家大不相同。第一天晚上，大家準備休息時，嬸嬸請他一起參加晚禱。梅爾對此覺得莫名，只覺得叔嬸是和藹可親的人。他傾聽他們查讀聖經，很不自在的跟著他們跪下祈禱。這對他是一種新的體驗，他從叔叔禱告的聲調上可以聽出叔叔對上帝有完全的信心，信賴祂愛護自己的子民。

梅爾本來不懂宗教的事，看著叔嬸讓他有一種平安喜樂的心情，這是在他父母那裡所沒有的，因此他決定要研究叔嬸家的宗教，想將它運用在自己的人生上。到了秋天開學時，嬸嬸提議他到教會的中學讀書，梅爾同意了。教會中學的所有功課和公立學校相同，只有「聖經」這門課完全不同。梅爾對聖經是門外漢，所以預備起來很吃力，但是在嬸嬸的幫忙及同學的幫助下，讓他對宗教更有興趣，宗教好像可以填補他心靈的空虛，讓他覺得生活更有意義。到了春天，學校舉行培靈奮興會時，他大受感動，決志要信上帝，不久便領了浸禮，參加叔嬸所屬的教會。

信仰的福氣分贈給家人

梅爾與叔嬸同住三年，更覺得這個宗教給他正確的人生觀。讓他得到了心靈上的平安與喜樂，並覺得這是和自己的父母、兄弟姊妹之間的糾紛、不安、誤會的生活，有著天壤之別。他認為自己有責任，應把這良好的宗教福氣分享給家人。因此，中學畢業後，他決定回家過暑假。

爸爸很歡迎他的歸來，並以他的進步為榮。他卻覺得家人還是以世俗的事物為念，兄弟姊妹叱責他的宗教信仰，在他加以聲辯時，父母也嘲笑他。最後他知道自己無法感動家人接受宗教，他們似乎已養成無法脫離世俗拘束的思想及行動。

暑假後，梅爾又回到叔嬸家，在附近找到一份工作，賺錢維持自己的膳宿。因為他的工作很好，不久也能寄些錢回家，幫助父母及家人。

兩年之內，他開了一間小店。他對教會仍很熱心，有很多會內的朋友，老少俱全。他的生意很好，這時他僅二十歲左右，同時找到了合意的女子，組織自己的新家庭。

不自私決心獻身服務

一天晚上，梅爾和太太坐在客廳閒談，梅爾提起他們現在的生活有點太自我。他的生意很好，賺不少錢，生活舒適，略有奢侈的享受，比起他的兄弟姊妹照著父母的慣常生活而生活，不知好了多少倍。梅爾認為自己對家人負有道義上的債務，這種債務不是金錢可彌補的。他覺得只有獻身服務，幫助別人認識宗教的需要，才可清償此債。

妻子也有同感。他們當夜討論後，決定把店務出讓，到大學讀書，預備將來做傳道人。他們做此決定需要勇氣，至於如何實行這項決定，自需更大的勇氣。

許多朋友指明他們將要遇到的許多困難。但他們毅然實行，並堅決相信上帝過去曾引導他們，以後也一定會引導他們。

真實信仰的報償

梅爾照著計畫將商店出讓後，秋天便進大學讀書。他比同班同學年齡較長，讀書格外用功。在校四年進步很快，畢業後被某地大教會聘為助理牧師。夫婦兩人熱心服事，積極領導青年宗教活動，服務貧病同胞，參加佈道工作。

梅爾初做傳道半年，哥哥曾來看過他。現在兩弟兄完全不同

了。哥哥沒有宗教信仰穩定的人生，他照著爸爸的榜樣為人，尋求世俗的快樂，奔波追逐，了無寧日，有時得著一些紅塵之歡，有時感到灰心絕望，他已養成幾種惡習，頭腦不清，前途黯淡，希望渺茫。

梅爾夫婦則相反，他們滿懷勇氣的面對前途，信賴上帝的引導，生活比以前當小商人時更滿意。他們擔任傳道工作後，雖然在物質上不怎樣富足，可是從服務別人，在精神上得到豐厚的報償、許多的滿足。

在辭別之前，哥哥對梅爾說：「老二，你雖然沒有錢財，生活卻非常快樂，勝過任何人，真叫我感到莫名其妙。你沒有旅行，你不識明星，你不知跳舞，卻有些意外的平安快樂，我希望自己也能得到。」梅爾聽了說：「大哥，這就是一個人從宗教信仰上所能得的好處啊！」

有些年輕人選擇個人信仰時，常會因為父母的不同信仰感到複雜煩惱。珍妮的媽媽是個很熱心的教友，爸爸是無信仰的律師。珍妮到了少年必須決定宗教時，她覺得自己無法討好父母，因此在這種情形下，她就像其他許多同樣情形的年輕人一樣，且把這件事按下，等到將來再決定。

這種延遲的決定，實際上就是等於反對信仰一樣。在應該決定的時候不決定，時機一逝即不可復得。珍妮決定暫不信教後，養成了許多習慣，結交許多朋友，使她一步一步更趨向世俗，後來再也沒有機會決定信教了。

決定信仰要有勇氣

　　我的朋友傑森就不同了，傑森的家庭背景跟珍妮很像，但傑森有勇氣決定信仰。爸爸說沒有功夫信教，但傑森還是下定決心，雖然他還很年輕，他相信了媽媽的宗教。爸爸嘲笑他，以為這樣可以澆熄他的信心。不料，傑森因為爸爸的嘲笑反而更熱心，看重宗教，相信仁慈的天父一定會幫助他勝過各種難題和困苦。

　　當我在大學初次遇到傑森時，我問他父母的信仰怎樣，他說：「媽媽和我都是教友，爸爸不信道。我們現在一直為他祈禱，希望不久他也會參加教會。」

　　傑森在校年年進步，我經常見到他。後來我很高興聽到他常勸導爸爸信道，頗有成績。第一年暑假，傑森去派賣宗教書報得了獎學金。第二年暑假，他在爸爸的公司幫忙。第三年暑假，他在一家建築事務所打工。年復一年，他向爸爸表明自己能夠忠心守道，而且工作順利，生活愉快。

　　最後一次我聽到傑森說，他的爸爸雖然尚未加入教會，但對於宗教日漸感興趣。他見到自己兒子的實行道理，表現其個人難題均得妥善解決，心中大受感動。

真信仰不是根據感情用事

　　年輕人喜歡說：「我不想信教。反正我不做惡人，我天生不是感情容易衝動的人。」真正的宗教並非根據感情而來。它只是使人認識自己的可憐無助的真實狀況，並全心相信聖經上的諸般應許，仰賴上主必能援救，助其度過基督徒的生活。

有時上帝讓年輕人經歷一些驚心動魄的事情，目的是要他覺悟，感覺需要上帝的幫助。前文所提伊娜與丹尼爾的經驗就是如此，下文所提的戴爾的情形也是。

　　戴爾不是不信宗教，只是沒有功夫相信而已。他對機械、汽車、摩托車等，甚感興趣。他生性大膽，喜愛冒險。朋友都勸告他不要太大膽，應小心為是，但他不怕危險，常以能為人之所不敢為而感到刺激之樂。

　　某日，有位同學借用了他的單車。這位同學思想嚴密，為人小心、可靠，熱心宗教，品學兼優，甚蒙大家的器重。這天，他騎用戴爾的單車，在路上因為要避開一輛車，與路旁的大樹相撞，被拋很遠，當場重傷殞命。

　　這場意外慘禍使戴爾的人生完全轉變。他覺悟這是上帝給他特別的警告。他常自問：「為什麼上帝保留了我的性命，而讓這位熱心的朋友死了？」最後他所得到的結論是，這位朋友已經預備好可以過世了，而他還沒有，所以上帝留下他的性命是有特別的用意。

服務可得更大的喜樂與滿足

　　戴爾的人生翻了新的一頁，他獻身給上帝。他奉獻身心精力於無私的服務，從此得到更大的喜樂與滿足勝過以前由冒險駭人的動作中所得到的。

　　年輕人往往由於幫助別人尋求人生正道，而自己也更認識宗教。在彼此互助上，給予幫助者與被幫助者雙方都得到了益處。

　　一九四七年，一位年輕女子參加青年歸主運動大會，聚會時，

她覺悟到自己應當把信仰介紹給別人，幫助別人也認識真理。因此她立志每天花些功夫去幫助那些靈性上需要鼓勵的人。她祈求上帝幫助她知道如何實行這種志願。她覺得應當先以住在東方本城的叔叔為勸導對象。這位叔叔不信道，常表示輕看宗教。因此她祈禱說：「主啊！請不要把這樁大難事給我開始。」然而她的心中卻一直受感動，說她的叔叔需要她的幫助。

因此，當她在舊金山時，她寫信給叔叔，報告她在此次大會所得到的感動，並勸他信道，可以過更快樂的生活。她沒有收到回信，但她在回家後，便去見她叔叔。叔叔年齡五十開外，已經退休養老。他吸菸飲酒及其他惡習，使他無法信教。這位年輕女子和氣的和他交談，並請他去參加本城即將舉行的佈道大會。叔叔在表面上禮貌的答應她，內心上卻很不願意，因為他不覺得需要宗教。

這位年輕女子每晚都來帶叔叔去參加佈道會。在前兩、三個晚上，叔叔實在不感興趣，只因姪女盛情難卻，不得不去。後來傳道人說了一番道理感動了他，從此每次去參加聚會便覺興趣盎然，自動前往，而非出於姪女的強請了。

佈道會快結束時，傳道人向從來沒有信道的人發出邀請，要他們獻心給上帝。這位年輕女子靠近叔叔，耳語說：「叔叔，你知道自己應當做什麼。這是時候了。你肯和我一起到講臺前嗎？」叔叔答應了，他獻心給上帝。這種悔改的奇蹟，不但改變他的心，也使他革除了多年的惡習。

這種經驗對這位年輕女子的本身也有奇妙的影響。她引導叔叔信道，自己也得到無上的快樂，從此決定獻身上帝，一生從事救靈

工作。她改變了原來的思想和功課，而預備將來擔任女傳道。後來我聽說她快要畢業，並答應某大教會邀請，做女傳道，幫助佈道工作。

信仰不是空談理論

叔叔悔改的經驗，使她也得到新的啟示。宗教對她不再是理論空談了。宗教的偉大感化力，使她在救人的工作上得到了完全的喜樂與滿足。

有一個年輕人叫布魯斯，他把信仰介紹給別人，自己也得到極大的屬靈福氣。布魯斯的父母是很好的基督徒，他到了少年時便選擇基督教為其人生信仰。布魯斯雖然當了教友，可是並不很熱心。十七歲時，教堂來了一位新的傳道人，想要辦一場佈道大會，他呼籲全體教友一起合力同工進行此事，並特別請布魯斯將自己的信仰介紹給本城的人，保證他們如果這樣為別人的靈性服務，他們的基督徒經驗一定大有長進。

這位新牧師組織了一個青年唱詩班，並要他們每晚積極參加佈道會的活動。布魯斯喜歡唱歌，就參加了唱詩班。可是唱詩班人數太少，所以牧師請每位班員邀請各自的朋友也來參加。

布魯斯在公立學校讀書，學校離家五里路。每次都要坐校車，所以在車上認識了一些朋友。他聽了這位新牧師組織唱詩班的計畫後，便想趁此機會領導一些人信主。因此到了下星期一在校車上他便故意坐近一位同學馬修的左邊，和他談起組織唱詩班的事，邀他也去參加，每週兩晚幫助唱歌。馬修是布魯斯的好朋友，本來不肯

參加唱詩班，經布魯斯一再勸說，終於同意先參觀一次，再決定將來是否參加。

　　布魯斯聽到馬修肯來參觀，大喜過望，隨即鼓起勇氣邀請同車的一位朋友艾琴，說馬修已經同意來參觀這新組織的唱詩班一次。

　　這樣到了次日晚上，當唱詩班聚集練習時，便有馬修和艾琴在場參觀。布魯斯事先曾和年輕教友提過他今晚要請兩位朋友參加的事，所以他們一見到這兩位新朋友的來臨，大家都一見如故，予以熱烈歡迎。那位領唱者更是非常和氣，親自特別歡迎他們。

　　這兩位年輕人後來承認，本來他們無意參加教會唱詩班，因為各位朋友以及領袖的友誼歡迎，使他們不忍拒絕盛意，終於答應下次再來參加。經過了兩次的練習後，他們覺得很是成功，便感到興趣要參加唱詩班了。

　　經過三、四次練習後，便在佈道大會第一晚登臺演唱。馬修和艾琴對當晚所聽的道理並不動心，卻很喜歡唱詩班的歌唱及大家和氣的友誼。因此，他們在佈道會進行期中，每晚都來參加。

　　經過幾次聚會，某晚牧師所講的題目特別感動馬修的心。從此他每晚來參加的目的已不再只是唱詩，而是對道理產生了興趣。在這期佈道會尚未結束之前，他已相信自己的人生不可缺少宗教。因此某日他對布魯斯說：「布魯斯，我想要參加你的教會，你覺得怎麼樣？」布魯斯聽了非常歡喜，因為藉著邀請朋友參加唱詩班，而使他接受了道理。他不但和馬修一起去見牧師，提到他朋友這種新的志願，同時也請馬修勸導艾琴，希望一起來參加教會。

　　艾琴這時尚未十分決定要做教友，可是布魯斯、馬修都鼓勵他

參加布道會。布道會結束時，艾琴尚未決定信道，但他喜歡唱詩班，繼續參加禮拜聚會。布魯斯和馬修一直為艾琴祈禱。希望他能看明宗教的需要，早日確定其人生。

某晚，當三個年輕人聚在一起時，艾琴說：「你知道，我近來常想到宗教的問題。我注意到你們的生活美滿快樂。你們沒有不良的習慣，不浪費有用的金錢和光陰，不參加愚蠢的娛樂，我相信你們的生活實是最好的。我不曉得怎樣信教，你們如果肯指導我，我很願意和你們同做教友。」

正確的信仰使人生有意義

此時布魯斯已不再是一個消極的教友。他幫助別人選取正確的人生信仰，自己也得到了滿足喜樂，覺得人生更有價值與更有意義。

年輕人如果選取了積極的基督徒經驗為其個人的人生哲學，就可得到許多的益處。例如：基督教有赦罪的道理，可給人極大的助益。一個基督徒做了錯事或犯了罪，聖經指導他如何悔改，如何藉著禱告及信靠救主，將瑕疵過犯清除，從此不再記念以前的缺點，由頭重新做起，使品格日有長進，在此生臨終之日，心靈安泰，了無遺憾。

至於沒有信仰的人，他的經驗就不同了。他做錯了事，這錯事就存在他的記憶中，使他長此以為憾及恥辱。他既不相信救贖主，因此沒有追求高尚的能力來幫助他勝過人類的弱點。這種人很容易灰心失志，因為他在人生上都是孤軍奮鬥，無依無靠。

　　單說祈禱這回事。基督徒知道如何利用祈禱，來將自己的憂患痛苦向全能仁慈的主申訴。他運用祈禱的特權，來要求上帝幫助他解決自己無法解決的各種難題。在徬徨無定、山窮水盡之際，可求上帝的引導，幫助他做出賢明的抉擇取捨。祈禱可增長基督徒的經驗，他不但向上帝吐訴心願，同時也可傾聽上帝的旨意，明白上帝要他怎樣做。祈禱蒙允的證據，可使人得偉大的安全感勝過世界的金錢及名望所能給予的。如果覺得有上帝在旁邊，祂已聽到了你的祈禱，關心你的福利，你便一無恐懼。

　　一個活潑積極的基督徒經驗，將使你對前途充滿樂觀及信心。基督徒的前途願景，並非以銀行裡的存款多，產業富，或名望隆厚為定。信徒的信心，足以使他看透眼前的各種苦難及失望，而展望到未來的無窮的福樂，也就是凡以基督教信仰為其人生圭臬的人所要受的報酬。

國家圖書館出版品預行編目資料

寫給少男：那些十七歲前該懂的事 / 謝理雅 (Harold Shryock)著；時兆出版社編譯. -- 初版. -- 臺北市：時兆, 2012.07
　　　面；　　公分
譯自：On becoming a man : a book for teenage boys.
ISBN 978-986-6314-29-2(平裝)

1.青少年 2.兩性教育

544.6　　　　　　　　　　101009105

寫給少男：那些十七歲前該懂的事

On becoming a man : a book for teenage boys

作　　者	謝理雅（Harold Shryock）
譯　　者	時兆出版社編輯部

董 事 長	李在龍
發 行 人	周英弼
出 版 者	時兆出版社
客服專線	0800-777-798
電　　話	886-2-27726420
傳　　真	886-2-27401448
地　　址	台灣台北市105松山區八德路2段410巷5弄1號2樓
網　　址	http://www.stpa.org
電　　郵	service@stpa.org

責任編輯	周麗娟
文字校對	張秀雲、陳美如
封面設計	時兆設計中心
美術編輯	時兆設計中心
法律顧問	洪巧玲律師事務所　TEL.886-2-27066566
商業書店	總經銷 聯合發行股份有限公司　TEL.886-2-29178022
基督教書房	基石音樂有限公司　TEL.886-2-29625951
網路商店	http://www.pcstore.com.tw/stpa
電子書店	http://www.pubu.com.tw/store/12072

ＩＳＢＮ	978-986-6314-29-2
定　　價	新台幣 NT$190元　港幣 HK$54元　美金 US$8元
出版日期	2015年06月　初版2刷

時兆讀友回函

謝謝您購買時兆的出版品，希望您看了很滿意。也請費心填寫此回函卡，讓我們可依此提升
服務品質，我們並將不定期寄上最新出版訊息，以饗讀者。

您購買的書名：＿＿＿＿＿＿＿＿＿＿＿＿＿＿＿＿＿＿＿

姓名：＿＿＿＿＿＿＿＿　性別：□男 □女

生日：＿＿＿年＿＿＿月＿＿＿日

地址：□□□＿＿＿＿＿＿＿＿＿＿＿＿＿＿＿＿＿＿＿＿＿

聯絡電話：＿＿＿＿＿＿＿＿　傳真：＿＿＿＿＿＿＿＿＿

若您願意收到時兆不定期的新書資訊或優惠活動，請留下您的E－mail：

＿＿＿＿＿＿＿＿＿＿＿＿＿＿＿＿＿＿＿＿＿＿＿＿＿＿＿

學歷：□高中及高中以下 □專科及大學 □研究所以上
職業：□學生　□軍公教 □服務 □金融 □製造 □資訊 □傳播
　　　□自由業 □農漁牧 □家管 □退休 □其他

您覺得本書價格：□偏低 □合理 □偏高

您對本書的整體評價：（請填代號1.非常滿意2.滿意3.普通4.不滿意5.非常不滿意）

書名＿＿＿　內容＿＿＿　封面設計＿＿＿　版面編排＿＿＿紙張質感＿＿＿＿＿

您從何處得知本書消息？
□教會 □文字佈道士 □書店（店名：　　　　　）□親友推薦
□網站（站名：　　　　　　　）□雜誌（名稱：　　　　　）
□報紙 □廣播 □電視 □其他：

您通常透過何種方式購書？
□教會　　□文字佈道士　□逛書店　　□網站訂購　　　□郵局劃撥
□電話訂購 □傳真訂購　□團體訂購　□其他：

您喜歡閱讀哪些類別的書籍？
□宗教：　□靈修生活 □見證傳記 □讀經研經 □慕道初信 □神學教義
□醫學保健 □心靈勵志 □文學　□歷史傳記 □社會人文
□自然科學 □休閒旅遊 □科幻冒險 □理財投資 □行銷企劃
□其他：

對我們的建議：

＿＿＿＿＿＿＿＿＿＿＿＿＿＿＿＿＿＿＿＿＿＿＿＿＿＿＿

＿＿＿＿＿＿＿＿＿＿＿＿＿＿＿＿＿＿＿＿＿＿＿＿＿＿＿

＿＿＿＿＿＿＿＿＿＿＿＿＿＿＿＿＿＿＿＿＿＿＿＿＿＿＿

＊ 請放大影印傳真至本社，傳真熱線：（02）2740-1448

＊ 請上時兆臉書 www.facebook.com/stpa1905 按"讚"參加最新活動，即有機會獲得好禮！

105-56

台北市松山區八德路三段410巷5弄1號2樓

財團法人基督復臨
安息日會台灣區會

時兆出版社　收

請貼郵票

請沿虛線對摺，謝謝！

寫給少男

請沿虛線剪下，謝謝！